JN064594

# ROCK司書の図書館ライブ

大林正智

# 司書を鼓舞する歌 ～推薦のことば～

ザ・ローリング・ストーンズの「悪魔を憐れむ歌」といえば、「サティスファクション」や「ジャンピング・ジャック・フラッシュ」などでお馴染みのギター・リフのイントロではなく、ドラム（リムショット）とコンガとマラカスのサンバ風のリフが印象的な楽曲である。原題は「Sympathy for the Devil」。いろいろな論争を生んだ作品であるが、大林さんは本書の「司書を憐れむ歌」で、Sympathyを「憐れむ」と訳したのはヒットではないかと指摘しつつ、Sympathyは「同情」「共感」をも意味するのだ、と。そしてそこからの展開に膝を打った。「図書館員はなんとか『共感』してもらえるような行動をとりたい」と締めるのだ。ザ・ローリング・ストーンズの楽曲の中でも難解と言われる「悪魔を憐れむ歌」から共感を得る図書館員になろう、との展開はさすがＲＯＣＫ司書である。

図書館員や図書館情報学を講じる教員が、司書はこうあるべし、と論じた本や研究論文は数多ある。しかし、「利用者に共感してもらえるような行動を」とのフレーズはかつてあったであろうか。浅学をばらすようで恥ずかしいが、私には記憶がない。

卑近な話で恐縮だが、図書館と読者（特に図書館を利用したことのない人）との距離を縮めるために上梓した拙著『だから図書館めぐりはやめられない』や『図書館はラビリンス』でさえ、図書館に無縁な人には「面白かったけれど、少し難しかった」という声が少なからず聞かれた。図書館によってはYA図書として排架されている拙著であっても、このように受け取られるのである。「どうして市民は図書館を利用していただけないのか」ではなく、「そもそも市民は図書館がどんなところなのかを知らない」のだ。地域に積極的に出て市民と交流を深めれば容易にわかることだし、その打開策も講じられるというものだ。市民は図書館と同じくらい、そこで働く図書館員にも関心があるのである。

そこで本書が生まれた。大林さんは地域や市民への関心が旺盛だからこそ、

ROCK司書の仮面（というものでもないか）を被った。そして、「むずかしいことをやさしく、やさしいことをふかく、ふかいことをおもしろく、おもしろいことをまじめに、まじめなことをゆかいに、そしてゆかいなことはあくまでゆかいに」――井上ひさし氏のこの言葉を実践すべく、市民にとってとっつきにくい図書館本ではなく、書名からして手に取ってもらえそうな本書を上梓したのである。

クリーデンス・クリアウォーター・リバイバル、ジャニス・ジョプリン、ザ・バンドなど、特に1960～70年代のROCKファンにはたまらないアーティスト名が躍る。行間からときおり音符が見え隠れする文章は軽妙洒脱。さらに図書館員の生態をも活写していることから、より多くの読者の「共感」を得られるものと思う。そして、本書にも出てくるがBLUES司書や園芸司書など、何かに偏愛・拘泥する全国の〇〇司書に〝Please allow me to introduce myself〟と、勇気と元気を届けるに違いない。

雀羅書房店主　**内野安彦**

〈CONTENTS〉

## ステージⅡ

## 第2章 ROCK司書の生活と意見

## 第3章　ライブラリアンズ・メドレー



## エンディング

# オープニング
## ～図書館はROCKだぜ～

Yeah！ ROCK司書だぜ！

「ROCK司書って何？」だって？ 無理もない、もっともな質問だ。ROCK司書が何なのか、それを名乗ってる本人でさえわかっていないんだからな。まあそのへんはおいおい明らかになってくるだろう（オイオイ……）。

しかし図書館がROCKな存在だってことには確信をもっているのさ。それはただ単に「図書館にはROCKの本がある、CDがある」ってことじゃない（いや、それももちろん大切なことではあるんだけどさ）。図書館という存在自体の問題だ（おおげさだな）。

詳しく語るには「ROCK」の定義から始めなきゃならないところなんだ

ろうけど、なにせ「定義」ってヤツはやっかいだからな。そこのところも先送りしておこう。ただひとつ言えるのはＲＯＣＫってのは自由を希求するスピリッツだってことさ。図書館はそのスピリッツを支援するんだ。それが「図書館はＲＯＣＫだぜ」ってことの意味さ。

さあ、難しいハナシは置いといて、さっそくライブを始めようじゃないか。図書館の毎日はライブそのものなんだ。舞台はＴ市図書館という、小さなまちのフツーの図書館だ。まあ気楽に、おれんちだと思って楽しんでってくれ、頼むぜ！

２０２０年７月

ＲＯＣＫ司書

# ROCKはもう卒業だ!

# ステージI

ぼくはブルースとカントリーが入りまじった、
ロックンロールの列車に乗ってやってきた。

ロビー・ロバートソン

『ザ・バンド 流れ者のブルース』（バーニー・ホスキンズ 大栄出版 1994年）より

ロックンロールがブルースとカントリーを乗せた列車なら、図書館という列車が乗せるのは自由と民主主義？

ROCK司書

# 時代は変わる

この年齢になるとROCKなんてやってられない。レスポール*は重たすぎるし、長い髪はもう似合わない。ROCKはもう卒業だ！

なんて長いひとりごとを言ってたら同僚の編集司書に聞きつけられた。

「いいじゃん、ROCK卒業！　それを記念して何かROCKなコラム書いてみたら？　フェイスブックで」

そう言えば図書館の公式フェイスブックに掲載するコラムを館内で募集してたな。

え、ROCKなコラムですか？　いいのかなあ、ROCKですよ？　マジメな図書館のイメージというものが……。

*レスポール＝重いギター

「いやいや、図書館がマジメな（だけの）場所じゃないなんてことはアンタが一番知っとるら。それに図書館にはＲＯＣＫな本やＣＤだってたくさんあるしさ、そのへんをテキトーにね……」

テ、テキトーだって?! しかも図書館はマジメな(だけの)場所じゃない、だと。ふざけた司書だぜ。

しかし考えてみれば紹介したい本やＣＤはたくさんある。そんなことを書いてみんなに読んでもらうのも悪くないな。

「よし、じゃあキマリね。来週までに1本、頼んだよ」

ええー、そ、そんな。私にも他に抱えてる仕事が……。

あ、もう行っちまった。なんてマイペースな編集司書なんだ!

というわけで、ＲＯＣＫなコラムを書くことになったのさ。

図書館の公式フェイスブックにＲＯＣＫなコラムが載るなんて、時代は変わったもんだぜ。

今回はボブ・ディラン*の『時代は変る*』を聴きながらお別れしよう。

＊ボブ・ディラン＝ＲＯＣＫ詩人。ノーベルＲＯＣＫ賞、じゃなくて文学賞受賞。

では。

また会おうぜー！

❖　❖　❖

こんなふうにこのコラムは始まったんだった。

『時代は変る』は原題『The Times They Are a-Changin'』、１９６４年リリースの同タイトルのアルバムに収録されている。今さら説明する必要もない、超有名な曲だ。歌詞の内容もそうだけど、ディランの声、音、自体が「時代が変わっていくのを知らせる鐘の音」みたいに聞こえる。この存在感がディランだなあ、と思う。

面白いのは「時代を変えた」ように見えるディランが「時代は変わる」と歌っていること。中島みゆき*に言わせると時代は「まわる」ものみたいだし、意外と「時代って変わっていくものなんだよね」という言い方は珍しいのかもしれない。

さて、図書館。図書館自体は「時代を変える」ものというよりは「時代が変

＊『時代は変る』（The Times They Are a-Changin'）ボブ・ディラン　コロムビア　１９６４年

＊中島みゆき＝ＲＯＣＫなシンガーソングライター。

わっていくときに、そのことを知らせたり、その様子を記録して次の時代に伝えたりする「ようなものではないか、という気がする。もちろん「時代を変えよう」とする人の役には立つだろうし、「時代を変えまい」とする人のためにできることもあるだろう。ただ、図書館自体は、ということだ。そう思うと図書館ってディラン的だし、ディランって図書館的なんじゃないか？

しかし変わっていく時代の中で、泳ぎださざるを得ない、というのは図書館についても言えることだろう。泳ぎだそうと足掻いている図書館や、もうすでに泳ぎだしている図書館、すいすいと泳いでいるように見える図書館員もいる。「図書館」というもの自体は「石ころみたいに」沈むのか、そうでないのか。

なんてことを考えたりするのだった。

# 司書を憐れむ歌

「おいおい、どうなっとるだん！　なんだん、あのコラムは。もう苦情は殺到だし、ページの〝いいね！〟は全然増えないし。図書館のイメージってものをどう考えとるの?!」

え、苦情殺到。マジですか。いや、ちょっとふざけてみただけなんですが……。そ、それに「図書館はマジメな（だけの）場所じゃない」って言ってたじゃないですか？

「常識ってものがあるだら！　これ業務、仕事なんだに！」

す、すみません。では前回のは削除していただいて……。

「ふざけとるなあ、それぐらいですむと思っとるの?!　いい？　今からアンタのやるべきことを教えてあげるわ。
1　ＲＯＣＫなコラムを書く。
2　失った信頼を取り戻す。
3　ページの〝いいね！〟を１００増やす。
これを達成するまで給料支給停止。なお他の通常業務に支障を来したらクビだでね、わかった？」

は、はい、しかし給料だけは……、
あ、もう行っちまった。なんて鬼な編集司書なんだ！

は〜、コラム書かなきゃ。

コラム、信頼、ページの〝いいね！〟コラム、信頼、ページの〝いいね！〟給料支給停止、通常業務、給料、クビ、給料、給料、給料……。こんな状態で書けるわけない、書けるわけナサスギ!!

チキショー（チキショーと鬼畜司書がなんだか似てることに気がついたぜ）、あの鬼編集司書め〜、悪魔のようなヤツだ！

というわけで、今回はローリング・ストーンズ*のアルバム『ベガーズ・バンケット』*から名曲『悪魔を憐れむ歌』を聴きながらお別れしよう。この超絶カッコイイソロを弾いている（はずの）ギタリスト、キース・リチャーズ*が娘のセオドラと作った絵本『ガス・アンド・ミー』（ポプラ社　２０１４）は読んでくれたかい？　こいつはなかなかジワジワくる絵本だったよ。翻訳はなんと奥田民生なんだぜ。

さて、最後まで読んでくれたみなさん、ＲＯＣＫ司書からひとつ頼みがあるんだ。ぜひ、このＴ市図書館のページに〝いいね！〟してくれないか？　でないと給料が……。

いやホントは給料なんてどうだっていいのさ。ただＴ市図書館の熱いキモチがみなさんのタイムラインに届くように、って思ってさ。ホントなんだ。

では。

また会おうぜー！

❖　❖　❖

ふう、この回のコラムはこんなふうに終わったんだった。給料はともかく、『悪

*ローリング・ストーンズ＝ＲＯＣＫなバンド。転がり続ける。

*『ベガーズ・バンケット』(Beggars Banquet)　ローリング・ストーンズ　デッカ・レコード１９６８年

*キース・リチャーズ＝ＲＯＣＫなギタリスト。司書志望。髑髏の指輪が似合う。

『ガス・アンド・ミー』（ポプラ社　２０１４）

魔を憐れむ歌』と言えば『巨匠とマルガリータ』（ブルガーコフ　水野忠夫訳　河出書房新社　２００８）との関係が取り沙汰される。この本との出会いは記憶に残っているので、個人的な話になってしまうが少し触れておこう。

図書館の洋書コーナーで書架を整理していたときのことだ。どうにも気になる背表紙が目に飛び込んできた。黒猫のイラストなんだが、それが不気味と言うか不穏というか、訴えかけるものがある。「この本を読む勇気があるかな？」と挑発されている気分になる。手に取ってみると表紙も黒猫。ミハイル・ブルガーコフ*の『The Master and Margarita』Mikhail Bulgakov（Richard Pevear and Larissa Volokhonsky 訳　Penguin　２００６）だった。

これはスゴイ本なのでは、という予感はあったものの、英語で５００ページ超。ハードルが高い。かと言って邦訳を探すわけでもなく、アタマの片隅に置いておくにとどまっていた。そうこうしているうちに出会ったのが、「池澤夏樹＝個人編集 世界文学全集」の1冊として刊行された『巨匠とマルガリータ』だった。

読んでみると、やはりこれが面白い。春のモスクワを舞台に悪魔御一行様

『巨匠とマルガリータ』（河出書房新社）

*ミハイル・ブルガーコフ＝ROCKな小説家。猫好き（たぶん）。

が大暴れ、という話なのだが（ホントか?・）、悪魔の一味の人語を喋る黒猫ベゲモートのキャラがいい。これは表紙になるわけだ。いろいろなバージョンが出版されているが、ベゲモートをモチーフにしたデザインが多い。作品におけるこのキャラクターの位置が表れている。

池澤夏樹*はその公式サイトcafe impalaで「この本を選んだ理由」として「奇怪な事件や魔術師やキリストの死の事情などの絵柄が重なる先に、ソ連という壮大な錯誤の構築物が見えてくる。この話の中のソ連はもちろん今の日本であり、アメリカであり、世界全体だ」と言っている。壮大な錯誤というのはソ連を評するのに面白い表現だ。その壮大な錯誤の中で一時、出版できなかったこの作品が、錯誤の実態を浮かび上がらせている。世界中至るところに錯誤がある。その錯誤と向かい合う芸術を、図書館は（すみませんねえ、図書館ばっかりで……）どう取り扱うべきなのか。そんなことを考えさせられる一冊だ。

そして、つくづく背表紙の大切さを実感する。表紙の力についてはよく言われることで、図書館でもフェイスアウト*（面出し）の陳列は推奨される。もちろん表紙は大事だけれど、裏表紙だって背表紙だって大事だし、それぞれ力を

＊池澤夏樹＝小説を書いたらスゴイが、文学全集を編んでもスゴイ人。

＊フェイスアウト＝本の表紙を見せる陳列方法。ＲＯＣＫバンド「フェイセズ」とは（たぶん）無関係。「スモール・フェイセス」とも（たぶん）。

もっている。みすず書房のウェブサイトでは、刊行している本の表紙、裏表紙に加えて、背表紙も見ることができる。背表紙の力を知って、強く意識している出版社だからこその仕掛けで興味深い。みすず書房の背表紙は黒猫のイラストみたいなわかりやすいキャッチーさはないけれども、読みたくなる、手に取りたくなる魔力に満ちた背表紙だ。背表紙に悪魔が宿っているのではないだろうか。

さて、ストーンズに戻ると『悪魔を憐れむ歌』の原題は『Sympathy for the Devil』。Sympathy は「憐れみ」や「同情」でもあるが「共感」でもある。「憐れむ」としたこの邦訳はヒットではないだろうか。数々の歴史上の重大事件に立ち会った（仕掛けた?）悪魔が、「憐れみ」を乞うところがユーモラスなわけだ。

司書（とりわけROCK司書！）を取り巻く環境は決して楽観視できるものではない。もしかしたら「憐れみ」を乞わなければならない状況なのかもしれないが、なんとか「共感」してもらえるような行動をとりたい、とマジメに締めておこう。

# 反骨

「おい、同僚をネタにして笑いをとっとるだって？　ずいぶんいい度胸じゃん。さすがＲＯＣＫ司書は腹が据わっとるわ」

あ、いや、もちろんあれはフィクションですし、誰も真に受けてないですよね……。

「ま、そう思いたい、ということはわかったわ。給料支給停止もフィクションですめばいいけどね」

そ、それはそうなんじゃないんですか？

「まったく、アンタのようなヤツを何て言うか知っとるかん？」

知りません。

「司書の皮をかぶったゴロツキ*だよ」

はい。

「じゃあコラム、ちゃんと書いておきんよ」

はい。あ、もう行っちまった。なんて勝手な編集司書なんだ！

しかし今回は説教が短かったから、そのぶんＲＯＣＫなことがたくさん書けるぞ！

音楽ネタが続いたからな、唐突だが今日はＲＯＣＫな浮世絵師を紹介しよう。ＲＯＣＫはもちろん単なる音楽のジャンルではないからね。

ＲＯＣＫな浮世絵師というと、みんな誰を想像するだろう。葛飾北斎（かつしかほくさい）*？そりゃそうだ、北斎はサイコーだからな。歌川国芳（うたがわくによし）*？うん、ヤツもＲＯＣＫな浮世絵師だぜ、間違いなく。

しかし今日みんなに紹介したいのは河鍋暁斎（かわなべきょうさい）だ、Ｙｅａｈ！カワナベギョウサイじゃなくってカワナベキョウサイって読むんだぜ、もうそれだけでＲＯＣＫ臭がぷんぷん漂ってくるじゃないか！

*ゴロツキ＝ならず者。

*葛飾北斎（１７６０〜１８４９）＝江戸後期の浮世絵師。風景版画に新生面を開く。作品に「富嶽三十六景」「北斎漫画」など。

*歌川国芳＝（１７９８〜１８６１）＝江戸末期の浮世絵師。武者絵や風刺画も。作品に「通俗水滸伝豪傑百八人之一箇」「東都名所」など。

*河鍋暁斎（１８３１〜１８８９）＝幕末・明治前期の画家。下総の人。浮世絵と狩野派を学び、当時の世相を痛烈に風刺した版画・絵本などを描いた。投獄されたことも。作品に「地獄太夫と一休」「幽霊図」など。

なんと今、東京の美術館で展覧会が催されているんだぜ！　これは行っておきたいじゃないか。しかし東京はちょっと遠いし、お金もかかるし……。でもだいじょうぶ、図書館にはいいものがたくさんあるのさ！

T市図書館が誇る美術雑誌（いや、図書館が雑誌を作ってるわけではないんだけど）「美術手帖」「芸術新潮」の2015年7月号はなんと両誌とも暁斎特集なんだぜ！　スゴイ特集だ。

「美術手帖」では、しりあがり寿*。

「芸術新潮」では、みうらじゅん*。

というROCKなマンガ家たちがマンガやコラムを発表しているのも、暁斎がまさにROCKな浮世絵師だってことを示してると思わないか？　これはチェックしておきたいぜ。

えーっと、ROCK司書が「こいつはROCKだな～」と思うものにはいくつか共通点があるんだ。

そのひとつが反骨心なのさ。暁斎の絵を見てくれ、反骨心に満ち溢れてるだろ？　そしてもうひとつ大事なのがルーツへのリスペクトなんだ。

＊しりあがり寿＝エレキなマンガ家。あの日からのことを描く。

＊みうらじゅん＝ガロなマンガ家。ボブ・ディラン似。

暁斎がどんなルーツを持つ絵師で、どんなふうにそれをリスペクトしたのか？ それは雑誌や本で確かめてみてくれないか？ 期待は外さないと思うぜ。

さて、暁斎の絵を眺めてたら思い出したのがジミ・ヘンドリックスだ。＊反骨心、ルーツへのリスペクト、どちらも暁斎と通じるところがあるじゃないか。そしてあの独特なアブナイ感じ……。

というわけで今回はジミヘンを聴きながら失礼しよう。

いいアルバムはいろいろあるんだが、ヤツの反骨心の象徴のような「アメリカ国歌」が演奏された伝説的な『ライヴ・アット・ウッドストック＊』をオススメしておこう。

では。

また会おうぜー！

❖　❖　❖

というわけで、コラムが書かれたとき（２０１５年夏）に展覧会が行われていた暁斎を取り上げている。暁斎は人気があるし、各地でたびたび展覧会

＊ジミ・ヘンドリックス＝ブルースマン。国歌には一家言もつ（たぶん）。

＊『ライヴ・アット・ウッドストック』(Live at Wood-stock) ジミ・ヘンドリックス MCAレコード　１９９９年

がある。常に回顧の対象になるというのもジミヘンと共通している。

反骨心にROCKを感じる、と言っておきながらアレだけど、反骨心がないものはROCKじゃないのか、と言われるとそうでもない。「オレは反骨心なんかないぜ！」ってのもけっこうROCKなんじゃないかな、とか。

だいたい「こんなのROCKじゃねえ！」ってのが、あんまりROCKっぽくないんだよな。ここは「それもROCKだぜ！」といきたい。

ALTERNATIVE ROCKという言葉があるけれど、ROCK自体がそれ以前の音楽に対するALTERNATIVE（別の選択肢、他の可能性）だったわけじゃないか。だったらそこからはみ出してくるものを否定してしまうのは自己否定になっちゃうんじゃないかな。

ひとつの考え方に対して、別の選択肢、他の可能性を提示するのは図書館の仕事でもある。だからROCKと図書館は相性がいいはずなんだ。そう思わないか？

## 28　雨と戦争

……。……。……。……。

……。……。……。……。

来ないな……。

この……（３点リーダ）の嵐。これは編集司書がやって来ないことのＲＯＣＫ的表現なんだが、わかってもらえたかな？

本当に来ないのか？　じゃあ始めるぜ。

「司書の皮をかぶったゴロツキ」ＲＯＣＫ司書だぜ、イェーイ！　なんだかいつもと勝手が違うけど、みんなは気にしないで寛（くつろ）いでってくれ。

どうやら梅雨が明けたらしいぜ。

雨の季節は一段落して、これからはクソ暑い夏だ！　しかし台風のほうはどんどんやってくるからな、注意が必要だぜ。雨ってのは自然の恵みでもあるけれど、時に脅威にもなるからな。

雨と言えばこんな本がある。

『雨の名前』（高橋順子／文　佐藤秀明／写真　小学館　２００１）

こちらはいろいろな雨を紹介する歳時記エッセイ写真集。雨が生活の中にどれだけ溶け込んでいるかよくわかる。猫毛雨（ねこんけあめ）？　猫の毛みたいなこまかい雨のこと…、なるほど。

それから……鬼雨（きう）？　鬼？

「呼んだ？」

わ、鬼！、じゃなくて編集司書！　いえ、呼んでません。ど、どうしたんですか、突然？

「いや〜、前回ジミヘンだったら？　こっちもスライト・リターン＊ってヤツをキメてやろうと思ったじゃん。特に用はないよ。コラム書いといてよ、じゃあね」

『雨の名前』（小学館）

＊スライトリターン＝「ちょっと戻ってきた」の意。ジミヘンと言えばスライト・リターン。

もう行っちまった。なんてヴードゥー・チャイルド[*]な編集司書なんだ！

で、なんだっけ？　雨だ。ＲＯＣＫな雨、と言うことなら思い出すのはクリーデンス・クリアウォーター・リバイバル[*]の『雨を見たかい』（原題『Have You Ever Seen the Rain?』）だな。

タイトルの通り、雨を見たことがあるか、と問いかけるこの曲。

ここでいう「雨」、はベトナム戦争[*]で使われたナパーム弾のことだって解釈があるけど、曲を書いたジョン・フォガティは否定してるよな。書いた本人が否定してもそう読めてしまうんだから仕方ない。時にはそんなこともあるのさ。

時代は戦争の真っただ中だからな、戦争に反対する歌も多く書かれ、歌われたってことなんだな。

ベトナム戦争と言えばこんな本もあるぜ。

『果てしなき論争』（ロバート・S・マクナマラ著／仲　晃訳　共同通信社

＊ヴードゥー・チャイルド＝ジミ・ヘンドリックスの曲『ヴードゥー・チャイルド（スライト・リターン）』

＊クリーデンス・クリアウォーター・リバイバル＝ＲＯＣＫなバンド。きれいな水好き（たぶん）。

＊『雨を見たかい』収録『ペンデュラム』（Pendulum）クリーデンス・クリアウォーター・リバイバル　ファンタジー・レコード　１９７０年

＊ベトナム戦争＝ＲＯＣＫとも関わりが深かった戦争。～１９７５年

2003）

戦争を指揮した元国防長官と旧敵が戦後20年経って交わす論争。

まあ簡単に言うと、戦争はしないほうがいい、って話さ。え、簡単すぎる？　そうかもな。

日本も今、安保関連法案で盛り上がってるよな。「戦争法案だ！」っていう人もいれば「戦争を未然に防ぐ法案だ！」って人もいる。ホントはどっちなんだ?!

それを考えるための材料は図書館にたくさんあるからさ、みんな図書館に来て考えてくれないか？　だって戦争なんてダサイだろ？

なんだかガラにもなくマジメになっちまったぜ。

というわけで今回はもちろんクリーデンス・クリアウォーター・リバイバルを聴きながらお別れしよう。ＣＣＲのもうひとつの雨の歌『フール・ストップ・ザ・レイン』も「雨が止まない」ことへの悲しみがフォガティの乾いたような

『果てしなき論争』（共同通信社）

声で歌われてて、「反戦」の歌に聴こえてしまうけど、どうだろう？ やっぱりフォガティにとって「雨」ってのは……。

では。

また会おうぜー！

❖　❖　❖

というわけで、この安保関連法案はもちろん可決されて現在に至る。この法制が日本の、そして世界の平和にどう関わったかは、今後評価され続けていくことだろう。

しかし法案って通ってしまうとなんだか忘れちゃうんだよな、それこそ通り雨みたいに。「存立危機事態」とか「国際平和共同対処事態」とか覚えてますかね、どういう意味だったたか？ 国会事前承認が要るのはどれだっけ？ 日本人の赤ちゃんや女性を輸送しているアメリカの輸送艦が攻撃されたら、日本はどうするんだったたかな？

われわれは忘れっぽい。だからこそ忘れっぽいわれわれの心に、止まない雨を降らし続けてくれるアーティストには感謝しなくてはならないな、と思うのだった。

# 料理はＲＯＣＫだぜ！

## ＃１「渥美半島の夏のアヒージョ」

「ＲＯＣＫさん、お料理お上手なんですって？」

ま、まさかのくらし司書?!

え、いや、上手なんてそんな、下手の横好きというか、まあただ作ってるってぐらいですよ……。

「まあまた謙遜なさって。素晴らしいですよ、男性がお料理されるのって。男女共同参画とかなんとか言ったたって、ウチのオットなんか料理のリの字もしないんだから。まあウチのオットの話はいいんですよ、何言わせるんですか！　それでね、男性にももっとお料理をしていただきたいし、お料理の本も借りていただきたいのね。でＲＯＣＫさんのお料理のお写真とかを頂戴して、例の調子で『ＲＯＣＫだぜ～』とかなんとか言って展示をしたら、男性も関心を持ってくださるんじゃないかしらと思って。どうかしら？」

ふ～、なんて長ゼリフだ。

え、そ、それは、いや～、ちょっとどうですかねえ、どうかなあ、写真っていうのは……。

「じゃあお願いね、7月から始めますからね」

え、いや、ちょっと、あ、もう行っちまった。なんてマイペースなんだ、くらし司書、恐るべし。まったく人使いの荒い図書館だぜ。

というわけで料理だ。

先に言っておくが、見栄えはイマイチだぜ。そしてあまりに簡単すぎるから「こんなの料理っていうほどのもんじゃないよ」と言われるかもな。まあでもいいじゃないか。テキトーに作って楽しく飲もう。

キーワードは「安い、簡単、ビールにあう」だ。

「安い」ってのはROCK司書の可処分所得がアレだから……、ってのもそうなんだが、旬のものは安くて旨い、というのもポイントだ。安くて旨ければそれに越したことはないからな。

今回は旬の夏野菜、ズッキーニを使ってみたぜ。

アヒージョにズッキーニは珍しいかな。しかしオリーブオイルとの相性はいいから、こいつはおすすめできるぜ。ニンニクの香りと魚介のダシを吸い込んだ夏の野菜を楽しんでってくれ。

フライパンにオリーブオイルをたっぷり。

そこに潰したニンニク。これはスライスや微塵（みじん）切りでもいいんだが、ずばり丸のまま潰してぶち込んどけばいいんだ、だって切るのがめんどくさいだろ？

そして魚介だ。

三河湾産のアサリをどっさり。

タラとイカとエビ、これは安いやつでいいのさ。

それからナイショで大アサリ*も入れちまおう。

ズッキーニをテキトーな厚さに切って投入。

マッシュルームはアヒージョの定番だから入れておこう。しかし、もし無かったり高かったりしたらエリンギやシメジでも問題ないぜ。

そして塩コショウを適当に。これは後で味見をして調整すればいいからな、最初はちょっと控えめに入れておこう。

さあ、これにフタをして弱火でじっくりと煮込むのさ。実に簡単だろ。火が通ったらできあがり、「渥美半島の夏のアヒージョ」の完成だ。

まずはビールで喉を潤し。

おお、ズッキーニ！　ニンニクやアサリの香りを纏(まと)いながらも、自分自身の味をしっかりと主張しているじゃないか。なんてＲＯＣＫな野菜なんだ！　こいつはビールがすすむぜ。


*大アサリ＝三河湾名産の二枚貝。ウチムラサキ。

と、ちょっと飲んだところで味を変えよう。

T市産のフレッシュトマトを使うのが最高なんだが、まあ少し酔ってるし、ここは手を抜いて缶のトマトを足してみよう。

アヒージョにトマトが馴染んで塩コショウで味を調えたら、まあそのままでもいいんだが、ゆでたパスタをいれて出来上がりだ。

ああ、夏っていいもんだな。

酔った酔った。


「ROCKさん、写真のデータはどうなさったの?」

あれ、くらし司書!

は、はい、いますぐアップします!

ふう……。


さて音楽を忘れちゃいけないぜ。

夏、ということでちょっとノスタルジックな真島昌利*『夏のぬけがら』*を

＊真島昌利＝ROCKなギタリスト。マーシー。
＊『夏のぬけがら』メルダック　1989年

聴きながらお別れしよう。

おっと、ビールを飲んだなら、カローラでもカローラじゃなくても運転してはダメだよ！

では。

また会おうぜー！

# 料理はＲＯＣＫだぜ！ ＃２「やさしいマメアジの南蛮漬け」

「ＲＯＣＫさん、このあいだのお料理、どういうおつもりなの？」

くらし司書！

え、あ、ど、どういうというのは……？

「またしらばっくれて！　あなた、安い、簡単、ビールにあう、とかおっしゃって、あんなにエビだのイカだのアサリだの入れたらちっとも安くないじゃないの！　そりゃズッキーニは旬だからお安いかもしれませんけどね、トータルで高くなってたらしょうがないのよ。だいたい男性のお料理ときたら、やたら素材だのスパイスだの調理器具だのに凝っちゃって、お金ばっかりかかって仕方ないんだから。家計のことを考えたらそんなに食べるものばかりにお金を使ってられないのよ。まったく経済観念ってものがないんだから。

ウチのオットだって、あんな無駄なモノばかりにお金を使って！　まあ！　ウチの話はいいのよ、何を言わせるんですか！　とにかくＲＯＣＫさん、ちゃんとしてもらわないと企画が成り立たないんですからね。週末までにもうひとつ作ってくださいね」

え、週末ですか、そ、それは、いや〜、ちょっとどうですかねえ、どうかなあ、週末ってのは……。

「じゃあお願いしましたからね」

え、いや、ちょっと、あ、もう行っちまった。どうしていつもこのパターンなんだ！　まったく人使いの荒い図書館だぜ。

というわけで料理だ。

安くて美味い旬の食材を探しにいこう。

お、あるじゃないか、マメアジ。このちっちゃさはアレにちょうどいいぞ。

マメアジの南蛮漬け

しかもこの値段。これならくらし司書も納得、というか、わが家の家計にもやさしい。

「安い、簡単、ビールにあう」だ。

マメアジはだいたい7センチぐらいの小さいアジだ。こいつが南蛮漬けにもってこいなんだな。

「魚をさばくのはめんどうだな〜」だって？　ふふふ、マメアジは下処理不要だ。

水気を切ったらテキトーなビニール袋にマメアジを放り込もう。そこへ片栗粉をたっぷり入れて袋を振ってるとマメアジにまんべんなく粉がつくのさ。手も汚れないし洗い物も増えないのでこのワザはおすすめだぜ。

え、「ゼイゴやアタマや内臓は？」だって？

もちろん全部食べるのさ。心配はいらないぜ、ちゃんと食べられるからな。

そしてたっぷりの胡麻油でマメアジを揚げていくんだ。けっこう時間がかかるからな、焦がさないように弱火でじっくり揚げるんだぜ。

そうしたら漬け込みダレを作るぜ。

ニンジン、ネギ、生姜をテキトーな大きさに切る。これは好みの大きさ、カタチでいいからな、遠慮なくやってくれ。そして辛いのが好みなら鷹の爪を2、3本だな。

さあ、ここからが大変なんだが、醤油と酢の量だ。

醤油をとぷんとぷん、酢をとぷんとぷんとぷんとぷん、ぐらいかな。

まあそこはテキトーにやってくれ。マメアジが浸かるような量にするんだぜ。

酒は？　みりんは？　砂糖は？　出し汁は？

だいじょうぶ、醤油と酢だけでちゃんと美味しくできるからな。これを金属のバットにいれておくんだ。数日は保存ができるから大きめのバットを用意しよう。

さあ、ここからは忍耐だ。とにかくマメアジがカリカリになるまで揚げるからな、ゆっくり待とうぜ。しっかり揚げておけばゼイゴもアタマも気にせず全部食べられるからな。

では待ってる間にもう一品作ろう。

この間、安売りで大量買いしたズッキーニにもう一度登場願おう。

例のごとくテキトーな厚さに切るんだ。

で、オーブンペーパーを敷いたトースターのトレイに並べ、塩コショウしたらオリーブオイルを回しかけるのさ。

次に生シイタケだ。石突を取ったらひっくり返し、トレイに並べたら、そこにマヨネーズとダシ醤油を適量。

あとはトースターで焼くだけだ。実に簡単だろ?


そうこうしている間にマメアジがカリカリに揚がってきたぜ。これを用意したバットに放り込むのさ。揚げたてをどんどん放り込もう。ジュージュー音をたてるだろ? これが食欲をかきたてるぜ。

この南蛮漬けは漬け込んでももちろん美味しいんだが、揚げたて漬けたてでもいけるんだ。

さあ、ビールは用意したかい? いくぜ!

サクサクじゅわー、すっぱっ、辛っ、ウマっ！

ああ、ビールがウマい、最高だ！

夏の疲れにこの酸っぱさがやさしいぜ。

やさしいと言えば、このマメアジ、1匹約2円だったぜ。家計にもやさしいだろ？　こんなやさしくてROCKな魚、なかなかお目にかかれないぜ。

な訳なんでこいつは「やさしいマメアジの南蛮漬け」と名付けよう。


さてシイタケとズッキーニも焼きあがったようだ。

「ズッキーニのトースター焼き　スライトリターン」の完成だ！　こっちも美味い！

さあさあ、ビールビール。夏はこれに限るぜ。


さて今回のミュージック。

体にも家計にも、そして作り方もやさしい料理ということで、「ちょっとしたやさしさを試してみよう」という、オーティス・レディングの『トライ・ア・

『リトル・テンダネス』[*]を聴きながらお別れしよう。

では。

また会おうぜー！

＊『トライ・ア・リトル・テンダネス』収録『Live in Europe』オーティス・レディング　Elektra　1999年

# 料理はＲＯＣＫだぜ！　＃３「図書館キュウリスペシャル」

「ＲＯＣＫくん、ちょうどいいとこ来たわ」

あ、園芸司書。ちょうどいいとこ、ですか？

「そうだよ。そこのキュウリがこんな大きくなったもんだい、あんた持っておいきん」

ありがとうございます。さすが採れたて新鮮、すっごいチクチクする！　美味しそう！

「そりゃあ私の愛情がこもっとるだもんで美味いに決まっとるわ」

わーいわーい、じゃあ一本いただきます。

「そう遠慮せんでいいで、全部持っておいきん」

え、ホントですか。じゃあ遠慮なく。

「ただし！」

やっぱね、なんかウラがあると思ったよ……。

「何か言った？」

いや、こちらの話で。

「あんた、料理のコラム書いとるら」

はい。

「ここまで言やあもうわかるら」

はい。

「冷やし中華に刻んだキュウリ乗っけるなんてダメだでね、ちゃんと料理になっとらんと」

ぎくっ。はい。

結局このパターンか！まったく人使いの荒い図書館だぜ。

とは言え、この採れたてキュウリは嬉しいぜ。もうよく知ってると思うけど、渥美半島の野菜はホントに美味しいからな。渥美半島に住んでいないみんなは、ぜひ一度野菜を食べにきてほしい。もちろん肉や魚も美味しいしな。なんならついでに図書館に寄ってくれたっていいんだぜ。

では料理だ。たくさんあるからいくつか作ろう。品数を増やすので、いつもにまして簡単な料理で行くぜ。

まずは叩いて割ったキュウリと四つ割りにしたミニトマト、刻んだアンチョビを和えたサラダだ。

お、もうレシピを書き終わってるぜ、実に簡単だろ？

2品目は炒め物でいこう。

乱切りにしたキュウリを胡麻油で炒め、オイスターソースと醤油、またはナンプラーで味付け、焼いたがんもどきを一口大に切って混ぜる。もうできた、早すぎる！

3品目は揚げ物。

厚めにスライスしたキュウリに塩コショウし、小麦粉をまぶして少量のオリーブオイルで揚げ焼きにする。粒マスタードと酢を混ぜたソースをかけて完成。

ではビールをグラスに注いで、いただきます。

まずは「キュウリ・トマトのアンチョビサラダ」。これは味が絡むようにキュウリを割るのがポイントだ。野菜が瑞々しいのでアンチョビは少したっぷり目に使おう。

そして「キュウリの炒め物アジア風」。これはがんもどきのかわりに厚揚げを使うという手もある。ナンプラーを加えるとタイ風にいただけるぜ。辛みを効かせるとビールにあうな。

最後は「フライドキュウリ　マスタードソース」。キュウリの揚げ物は意外といけるんだ。まだ食べたことがなかったらぜひトライしてみてほしいな。コイツはビールにもあうが、白ワインでもイケる、と言っておくぜ。

さて、キュウリはたいへん美味しいんだが、それだけではちょっと物足りない。

クギは刺されてたが、やはりここは冷やし中華にキュウリの千切りを乗っけていただこう。何と言っても夏のシメは冷やし中華だ。園芸司書もくらし司書もきっと喜ぶさ。

ついでと言ってはなんだが、この「料理はＲＯＣＫだぜ！」シリーズもここらでシメ、最終回とさせていただくぜ。みんなのおかげで楽しく料理できたよ。こんなテキトーな料理に最後までおつきあいいただいて、どーもありがとう感謝します！

しかしこのシリーズ、書いてるあいだ、ハラが減って仕方なかった。まったくいつもハングリーだったのさ。

というわけで今回のミュージック。ブルース・スプリングスティーン*の『ハ

＊ブルース・スプリングスティーン＝ＲＯＣＫなボス。

ングリー・ハート』*を聴きながらお別れしよう。
みんな、楽しく食べてくれよな。
では。
また会おうぜー!

*『ハングリー・ハート』収録『ザ・リバー』(The River) ブルース・スプリングスティーン　コロムビア　1980年

# 鳥ときめき

暑い！　暑いぜ！　この暑いのに、みんなよくやってきてくれたな、Ｔｈａｎｋ　Ｙｏｕ！

今日もオレんちだと思って楽しんでってくれ。

このあいだ、開館準備をしていたときのことだ。中庭のそばを通ると何かが動いてるじゃないか。

そうそう、Ｔ市中央図書館には中庭がいくつかあるんだ。パラソルのついたテーブルもあるから、そこで本を読んだりもできるんだぜ！

なんてＲＯＣＫな図書館！　他のところはともかく、中庭は素晴らしいから、利用したことのないみんなは、ぜひ一度使ってみるといいよ。まあ熱中症になりそうな暑い日にはオススメできないけどな。

とにかくＴ市中央図書館に来たことのないみんなも中庭だけは見にくるといいぜ。他のところはともかく、中庭はホントに素晴らしいんだから。

なんか怒られそうな予感がするので本題に戻ろう。中庭で動いてたのは小鳥だったのさ。親鳥が地面に座って（？）いる雛たちに餌を運んでいたんだ。これはなかなかの見物だったよ。

雛に餌を運ぶ親鳥ほどＲＯＣＫなものはない、と思ったのさ。

この鳥は何て鳥だろう、と思って調べてみたぜ。

『ときめく小鳥図鑑』（中村文／著　吉野俊幸／写真　山と溪谷社　２０１４）

あったあった、ヒヨドリだな。実にいい感じだ。別名「さくら鳥」？　そうだったのか。しかしこの図鑑、写真もカワイイし、記述もユニークだし、なかな

『ときめく小鳥図鑑』（山と溪谷社）

かＲＯＣＫな図鑑だ。さすが「山と溪谷社」だぜ。

鳥を題材にとったＲＯＣＫの名曲は数多いけれど、今回紹介するのはボブ・マーリー*の『三羽の小鳥』だ、Ｙｅａｈ！

小鳥たちの歌を自分へのメッセージととらえ、「すべてうまく行く」と歌うこの曲。ボブ・マーリーの歌は「すべてうまく行く」というメッセージが繰り返し歌われるよな。泣いている女性に「きっとすべてうまく行くさ」と歌う悲しい優しさもよいけれど『三羽の小鳥』みたいな、嬉しい予感に満ちた言葉で未来を肯定してもらいたいときもある。

図書館もそんな、未来を肯定する存在でありたい、と思うのさ。中庭以外にもいいところがいっぱいあるんだぜ！

というわけで今回は名盤『レジェンド』*を聴きながらお別れしよう。

暑い夏はレゲエのリズムで乗りきろうぜ。

では。

また会おうぜー！

＊ボブ・マーリー＝立ちあがるラスタマン

＊『レジェンド』ボブ・マーリー＆ザ・ウェイラーズ　アイランド　１９８４年

さて、『ときめく小鳥図鑑』を含む「ときめく図鑑Book for Discovery」は、山と溪谷社のヒットシリーズ。「図鑑」というと「厚くて重くて高くて個人では手を出しにくい」というイメージをもちがちだが、このシリーズはそんな図鑑のイメージを裏切る「手に取りたくなる図鑑」だ。手に取りたくなるだけじゃなく「読んで楽しい図鑑」でもある。「きのこ」や「貝殻」「コケ」といったジャンルのセレクトも上手い。

「ときめく」というシリーズ名は現代人の消費欲のツボ(?)をついているな、と思う。必要なものはだいたい手に入った。その次は、と考えると「ときめくもの」になるのかもしれない。

ベストセラーになった『人生がときめく片づけの魔法』(近藤麻理恵　サンマーク出版　2011)は「ときめくものだけを残す」片づけのメソッド。際限なくモノが増えていく中、「ときめく」「ときめかない」という基準で片づけを進めるのが新鮮だった。

❖　❖　❖

際限なく増えていく、と言えば図書館の仕事も同じ。スクラップアンドビルド、とはいうものの、今までやってきた仕事は必要だからやってきたわけで、

『人生がときめく片づけの魔法』(サンマーク出版)

べつにヒマだからやってきたわけではないし。状況が変わって必要なくなった仕事がムダに継続されている、みたいなことはあるかもしれないので、不断の見直しは必要とは思うが、難しい。

なので「ときめかない仕事」はやめてしまおう！

というわけにもいかないのが仕事の仕事たる所以だが、仕事の中で自分が何に（どんなことに）ときめき、何にときめかないか、考えてみるのは面白いかもしれない。

図書館員と話していて、おおよそ同意が得られるのは「（延滞資料）督促の電話はときめかない」ということだ。そりゃそうだ。まあしかし、これにときめく図書館員もいるかもしれない。「督促の電話をするのが楽しみで楽しみで……」いるか？

いろんなタイプの図書館員がいて、それぞれが「ときめく」仕事をして図書館運営が回っていけばそれに越したことはない。そんな図書館なら、利用者も「ときめき」を感じることができるかもしれないではないか。たとえ中庭がなかったとしてもね。

58

# 戦争と図書館

これを書いている今日は8月14日なんだ。毎月第2金曜日、図書館は館内整理のための休館日。いろんな打合せや明日からの展示の準備で司書たちはバタバタ働いてるぜ。

そんな中、おいらは抜け出してこのコラムを書いてるのさ。

明日は8月15日。終戦の日だ。

空は青いし、セミはうるさく鳴きやがるし、相変わらずクソ暑い！

70年前、日本の人たちはどんなふうにこの日を迎え、過ごしたんだろうな。

戦争の記憶が薄れつつある、とか言われるけど、なんだかんだ言っても、日本では一年でイチバン戦争のことを考える日なんじゃないかな？

というわけで今日紹介するのはドストレートにエドウィン・スター*の『War』だ。

この曲は（まあ例によって）ベトナム戦争の時代にヒットした反戦ソングなんだけど、ジャッキー・チェンとクリス・タッカー主演の映画『ラッシュアワー』でも使われてたからみんなも聞いたことあるんじゃないかな。

エドウィンのソウルフルな声とシャウト、カッコイイコーラスが印象的なこの曲。ファンキーな音の洪水は、ぜひ聴いてほしいもののひとつだ。

そんなこの曲のメッセージは実にシンプル。戦争はダメ！　これに尽きるんだな。

ところで、作家の高橋源一郎*がいとうせいこう*との対談で70年前に終わった（？）戦争についてこんなふうに言っているのを読んだんだ。

「どの戦争もひどいという言い方は、逆にこの戦争を免罪してしまうと思う」

https://gendai.ismedia.jp/articles/-/44681

（現代ビジネス＝「二度と戦争を起こさないぞ」って言うけど、いや、もう起きてるんじゃないの？　いとうせいこう×高橋源一郎　〝あの日〟の後に書く

*エドウィン・スター＝ナッシュビルのソウルマン。

*高橋源一郎＝日本の文学王と（ROCK司書に）呼ばれた小説家。元ギャング。

*いとうせいこう＝想像ラジオ・ザ・ラッパー。ベランダー。

ことについて２）

ああ、なるほどな、と思ったのさ。どんな戦争もひどい。ただどの戦争もそれぞれのひどさがある。それを考えないのは戦争について考えないのと同じかもな、ってね。

トルストイが『アンナ・カレーニナ』（望月哲男訳　光文社古典新訳文庫２００８）でこんなふうに言ってるのを思い出したぜ。

「幸せな家族はどれもみな同じように見えるが、不幸な家族にはそれぞれの不幸の形がある」

あの戦争が、そしてどの戦争が、どんなふうにひどかったのか？

知りたかったら、もちろん、図書館に来てほしい、と思うのさ。

今日は『War』の入った『モータウン・ヒストリー：VOL.1』を聴きながらお別れしよう。他の曲もカナリイイのでぜひ聴いてほしいぜ！

では。

また会おうぜー！

『アンナ・カレーニナ』（光文社古典新訳文庫）

＊『War』収録『モータウン・ヒストリー：VOL.1』オムニバス　ポリドール　１９９９年

おいおい、また戦争ネタだよ。雨だと言っては戦争、8月だといっては戦争。ちょっと思想的に偏ってんじゃねえの？　なんてね。

❖　　❖　　❖

しかし8月になると「戦争」や「原爆」関連の展示をする図書館は多い。本の特集展示はもちろん、写真展や、戦争体験を聴く講演会なんてのもある。毎年恒例にしている図書館もある。ワンパターンに陥らないよう、様々な工夫や新しい取り組みも見られる。

ただここ数年、「戦争」とか「憲法」とか「政治」について「公共の場」で何か言うことがタブーになりつつあるのではないか、という空気を感じる。

２０１４年、東京都美術館での「現代日本彫刻作家展」で中垣克久氏の作品が美術館側から撤去を求められたということがあった。作品の「政治性」に関連して。

また２０１５年、東京都現代美術館での企画展「おとなもこどもも考える　ここはだれの場所？」で、会田誠氏の作品について撤去要請があった。

この二件はその後それぞれの経緯を辿ったけれど、美術館で「芸術作品」の

「政治性」が問題にされたという共通点があったことは記憶に残る。

また2016年、野外フェス「フジロック・フェスティバル」に学生団体「SEALDs（自由と民主主義のための学生緊急行動）」の奥田愛基氏らが出演して「音楽に政治を持ち込むな」という批判をネット上で目にすることになった。こちらは「公立」「公営」のフェスではないけれど、誰でも聴きにいけるフェスについて、公共空間と言えるネットでの批判ということで「公共案件」なのかな、と思う。

2014年、さいたま市大宮区三橋公民館が、俳句サークルの会員が詠んだ俳句を公民館だよりに掲載しなかったとして、こちらは訴訟にまで発展した。この件で興味深いと感じたのは、掲載されなかった俳句が「梅雨空に『九条守れ』の女性デモ」であったという点。この句は字面からは作者の「政治的立場」は読み取れない。「九条守れ」と言っているのは「女性デモ」の参加者で、作者ではない。作者が「この梅雨の中、やったってムダなデモにでかけてくるなんてヒマなことだ。愚かなことよ」と思っているのか「九条を守るためには雨が降ろうが槍が降ろうがデモをしなければならない！」と思っているのか、どちらでもなくまったく別のことを考えているのか、わからない。それを「掲載しない」としたということは「九条守れ」「女性デモ」という言葉が使われた俳句は「政治的」である、と公民館が判断した、ということだ。そうせざるを得ない空気がある、ということが感じられる。

そういう時代に図書館がどう振る舞うか。それによって時代の転がり方に変化が出るかもしれないし、まったく出ないかもしれない。どちらにしても注目し続けていきたい。「戦争に関する展示」どころか「戦争に関する本」すら図書館に置かれなくなる。そんな時代が来るのだとしたら、ぜひこの目で見てみたい。

パスポート」（期間中何度でも使えます！）なんてときは、その栞をあげた人ともらった人の嬉しそうな様子が浮かんで、これはどうしたってお返ししなきゃ、と思う。

本がどんなシチュエーションで、どんな気持ちで読まれているか。人の暮らしのなかで、人が生きる物語のなかで、どのように受け入れられ、どのような役割を果たしているか。それを垣間見ることができるのが図書館員の仕事の喜びのひとつだと言えるかもしれない。その実感を出版界にフィードバックできればなあ、なんてことも考える。

しかしときには困ったこともある。返却済みの本に挟まっていたジャンボ宝くじ。もちろんハズレくじだろう、と思ったが一応確認したところ……、まさかの！ あれは参ったなあ。持ち主はわからないし……。

なおこの小文のタイトルはサザンオールスターズの曲名からいただいているが、そのココロは。Long-brown-hairを、もしも栞代わりに使ったとしたら、返却前に抜いておいていただくといいかな、と。

# 栞のテーマ

パック入り紅ショウガ、には驚かされた。割り箸（未使用だったのが救い）というのも記憶に残る。図書館で返却される本には、栞代わりに使われたであろう、いろいろなものが挟まっている。

もちろん紅ショウガや割り箸は希少例で、金属や革、プラスチックもあることはあるが、やはり（というべきか）紙モノが多い。紙の本に紙の栞。

もしかしたら大切なものかもしれない。いったん返却処理をすれば誰が借りていたかわからなくなり、持ち主にお返しできる確率が低くなってしまう。できることなら返却前に発見を、と本をパラパラしている。

旅行ガイドにケーブルカーの搭乗券や美術館の入場券が挟まっていたりすると「本も旅行に連れていってもらったんだな」と思う。

病院の領収証も常連だ。病名が入った本や闘病記から出てくると、祈るような気持ちになる。

囲碁の本に「肩たたき券」、料理の本に「おてつだい移動中に通り過ぎていく風景には南部の作家がしっくり来る感じがしたので、ウィリアム・フォークナー、ユードラ・ウェルティ、そしてフラナリー・オコナーをむさぼり読んだ。

ロビー・ロバートソン

『ロビー・ロバートソン自伝　ザ・バンドの青春』（DU BOOKS　2018年）より

移動中の風景にあった本を選ぶのは楽しい。移動図書館車から見える風景には…『キャベツくん』『トマトさん』、そして『やさいさん』あたりかな。

ＲＯＣＫ司書

『キャベツくん』長新太　文研出版　１９８０年
『トマトさん』田中清代　福音館書店　２００６年
『やさいさん』ｔｕｐｅｒａ ｔｕｐｅｒａ　学研プラス　２０１０年

# 英語多読と水

イェーイ、ＲＯＣＫ司書だぜ！

今日も盛り上がっていこうぜ〜。

「もしもし？」

わっ、編集司書！

はい、お疲れさまです。何かありましたか？

「○月×日の英語多読の講演会だけどさ、もう満員になったの？」

いえ、まだです。

「そう。満員になったほうがいいんじゃね？」

はい、そうです。

「だったらもっとみんなに知ってもらったほうがいいんじゃね？」

はい、そうです。

「じゃ、ヨロシク」

おっと久しぶりだったんで焦ったぜ……ふー。

そうだ、講演会だ！

みんな「英語多読」って知ってるかい？　やさしい英語の本をたくさん読むことで、いつの間にかオトナ向けの英語の本も読めるようになるっていう方法なのさ。

英語は読めるようになりたいけど辞書をひくのとかめんどくさいしな、だって？

心配ご無用。

①辞書はひかない

これが第1のルールなんだぜ。

それじゃ意味がわからないよ！　だって？

②わからないところは飛ばす

これが第2のルール。

それじゃつまんないいんじゃないの？　そうくると思ったぜ。

③つまらなくなったらやめる

これが第3のルールさ。

なんだかふしぎだよな、これでホントに英語が身につくのかなあって。

でも考えてみたら、みんな日本語はペラペラだろ？

辞書をひくようになる前から、話せたし、読めたよな。

英語だって同じってわけさ。

「英語多読」だったらこの人！　っていうT高専教授のN先生が言ってるんだから間違いないぜ！

そ、そして、なんとそのN先生がT市にやってくるんだぜ！　イェーイ!!

先生が「英語多読」の始め方やコツを教えてくれるんだから、これはもう聞くしかないぜ！　しかもこのためになる講演が無料！　英語が読めるようになれば英語圏のＲＯＣＫの歌詞もわかるようになるし、いいことばっかりだ。中央図書館のカウンターや電話、メールでも受け付けてるから、もうすぐにでも申し込んだほうがいいと思うぜ。詳しくはホームページを見てくれ。

ははは、なんだか「日ペンの美子ちゃん」みたいだな。

「一日たったの20分の練習ですむし、先生がたは超一流なのよ！」

なんてな。

というわけで今回紹介するのはジャクソン５の『ＡＢＣ』だぜ。

この曲が出たときマイケルは11歳！　天才だよな……。しかし天才じゃなくても「英語多読」で英語を身につけられるかもしれないぜ。

それでは「ＡＢＣ」の入ったジャクソン５の『アンソロジー』*を聴きながらお別れしよう。よかったら踊ってくれても構わないぜ。

＊『アンソロジー』ジャクソン５　MOTOWN ポリドール　１９９３年

では。

また会おうぜー！

❖　❖　❖

さて、というわけでこの回は宣伝だった。しかし宣伝抜きにしても英語多読ってのは図書館向きだと思う。なにせたくさんの冊数をどんどん読んでいくところに意味があるし、身についてしまったレベルのものは読み返すという性質のものじゃない。となるといくら内容がある、役立つと言っても個人で購入するのはなかなか難しい。ならば図書館で揃えてみんなで共有すればいいじゃないか、ということになる。このへんは多読に限らず、図書館の基本的なところに合致する。例えば、個人で調べもの用の辞書や百科事典を揃えるのはたいへんだ、ならば、という具合。

英語多読の講演会で聞いたことがある。言語の習得というのは大きな桶に水を溜めていくようなもの。溜まりきらないうちは水を外に出すのは難しいが、一旦桶がいっぱいになってしまえば、注いだだけ水が外に流れ出る。そこまで桶に水を入れ続けるのが大事、と。

これは考えてみれば語学にだけではなく、何か新しいことを習得するときには共通して言えることなのかもしれない。自転車に乗れるようになるには、転んでも転んでも乗り続ける（水を溜めていく）。するといつか（桶がいっぱいになり）漕げば漕いだだけ前に進むようになる。

ではその水をどこで調達するか、ということになる。個人個人の桶が水いっぱいになることによって、そのコミュニティや地域にメリットがあるようならばそれは公共で支えようということにもなる。知識や情報へのアクセスということで言えば、なんとかそうなっているような気もするが、リアルな「水」についてはどうだろう。２０１８年、水道法が改正された。民間企業が水道事業に参入することになるのだろうか。

何事にもコスト削減、コストパフォーマンスが求められる風潮。本当に必要な「パフォーマンス」とは何か、何を公共で支えるべきか、考えておきたい。

# 女性たち、そして

イェーイ、ＲＯＣＫ司書だぜ！

なんだかバタバタしてる間にもう10月だ！ゴブサタしちゃったぜ。

秋らしくなってきた今日、10月４日は、ジャニス・ジョプリン*の命日なんだ。遺作となったアルバム『パール』の録音中だったジャニス、まだたったの27歳だったんだぜ。「生きながらブルースに葬られ*」ちまったんだな。

みんな、ヘロインは「ダメ。ゼッタイ。*」と言っておくぜ。

ＲＯＣＫというと「むくつけきオトコどもの音楽」というイメージをおも

*ジャニス・ジョプリン＝ＲＯＣＫな真珠。図書館で働いたことあり。

*『生きながらブルースに葬られ』＝アルバム『パール』中の曲。レコーディング中にジャニスが死去したため、ボーカルなし。

*厚生労働省、都道府県および（公財）麻薬・覚せい剤乱用防止センターが行う薬物乱用未然防止活動のためのキャッチコピー。

ちのかたもいらっしゃるかもしれないけど、もちろんＲＯＣＫな女性たちもたくさん「活躍」してるのさ。ジャニスはその最右翼？　最左翼？　いやよくわかんないけどとにかくＲＯＣＫなオンナだ、と思うな。

そんなジャニスが「すべての女性が輝く社会づくり」ってのを聞いたら何て言うだろう。ちょっと想像してみると笑えるぜ。

ジャニスといえばあのパワフルな歌声だけど、ソフトに囁(ささや)くような歌も悪くない。

『ミー・アンド・ボビー・マギー』を聴けば、その声の力強さの奥にある孤独や不安が見えてくるような気がして、何だか泣けてきそうになるよ。

ジャケットのイラストが印象的なアルバム『チープ・スリル』の『サマータイム』も悪くないけど今日はやっぱり『パール*』を聴きながらお別れしよう。

では。

また会おうぜー！

❖　❖　❖

＊『パール』(Pearl) ジャニス・ジョプリン　コロムビア　1971年

さて、「すべての女性が輝く社会づくり」ってのは当時の内閣の取組み。「活躍」を強調してるのは「女性活躍担当大臣」とか「一億総活躍担当大臣」あたりから。時事ネタであった。時事ネタ好きだねえ……。

時事ネタではないけれど、女性が「活躍」するマンガをふたつ。

ひとつは『アルテ』（大久保圭　コアミックス（旧ノース・スターズ・ピクチャーズ）２０１４〜続刊中）。こちらはルネサンス期のフィレンツェを舞台に、画家を目指す貴族（と言っても裕福ではない）の娘の成長を描く物語。女性が画家を志すというだけで奇異な目で見られるという状況下で、努力と画家としての実力を武器に周囲を変えていく主人公のまっすぐさは、読者を物語世界に引き込む。

もうひとつは『雪花の虎』（東村アキコ　小学館　２０１５〜続刊中）。上杉謙信女性説に題材をとった歴史マンガ。「毘沙門天の化身」として生まれ、男子として育てられた謙信が城主として、武将として、戦国時代を生きていく様子は、歴史ファンタジーであると同時に、著者得意のコメディーでもあり、

『アルテ』（コアミックス）

『雪花の虎』（小学館）

いろいろな角度から楽しく読ませる。

このふたつのマンガ、単に「女性が活躍する」というだけでなく、「女性であるということがハンディキャップとなるような状況を跳ねのけ、活躍の場を広げていく」ところに共通点がある。主人公たちは、自分が女性であることに苛立ち、ときに自分の女性性を否定するような行動に出ることもある。しかし自らの力で獲得した環境や、周囲の理解に助けられて成長し、「女性らしさ、自分らしさを保ったまま」で望むものを手に入れようと考えるようになる。

キャロル・キング*が『ナチュラル・ウーマン』*で歌うように女性が「自然な女性」でいることは難しい。男性が「自然な男性」であることはどうだろうか。男性がありもしない「男性らしさ」を求められて苦しむことはあるかもしれない。しかし、自分の望むものを手に入れるために、または自分の望むものになるために、持っている「男性らしさ」をかなぐり捨てなければならない、というような状況は、少なくとも女性ほど多くはないのではないか。

女性の辿ってきた歴史の重さを考える。現在、この国で「画家になりたい」「政

＊キャロル・キング＝ROCKなシンガーソングライター。友だち思い（たぶん）。

＊『ナチュラル・ウーマン』＝アルバム『つづれおり』収録。

治家を目指す」と言っても「女性には無理」とは（少なくとも表立っては）言われないだろう。それが、ここまで女性が闘って獲得してきたものだ、ということだ。その歴史があってこそ、ルネサンス期に画家を目指す女性のマンガも、女性の上杉謙信も楽しめる。

# 78　想い出、記憶、記録

イェーイ、ROCK司書だぜ！

オーサカから帰ってきたところだ。ちょっとヤボ用があってな。

「おかえり～」

あ、編集司書。

はい、戻りました。

「で、どうだっただん、大阪は？」

はい、いろいろ勉強になりました。

「勉強？　大阪でしか飲めないビールとかを勉強してきたってことじゃないだら？」

（ドキッ）

いや、まあそのへんも含めていろいろと……。

「昼間は毎日カツカレーを食べてハメを外してきたとかじゃないだら？」

（ギクッ）

いや、まあ、フツーですよ、フツー。

「何がフツーなんだか……。まあいいよ、せっかく大阪に行ってきたんだからコラムでも書いたほうがいいら？」

そ、そうですね、そうします。

てな訳で、オーサカについてのコラムを書くことになったぜ。

オーサカのＲＯＣＫというと、桑名正博*や石田長生*、上田正樹*なんかを思い出すな。前の二人はずいぶんと早逝だった。上田さんは長生きしていい音楽を聴かせ続けてほしいぜ。上田正樹といえばオーサカベイブルースなんだが出身は京都なんだな。このへんがオーサカの懐の深さだ。

オーサカベイには行ったことがないんだけど、サヨナラを捨てる機会があっ

＊桑名正博＝ＲＯＣＫな人。
＊石田長生＝ギタ－な人。
＊上田正樹＝ＳＯＵＬな人。

たらオーサカの海に捨てにいこうと思ってるのさ。

このあたりの音楽はまあＲＯＣＫというかＢＬＵＥＳというかなんだが、ＲＯＣＫとＢＬＵＥＳはオレオマエの仲だから（？）大目にみてやってくれ。

そんなわけでオーサカはブルースな街という印象を持っていたんだが、久しぶりに行ってみたら、ＲＯＣＫ司書もびっくりのＲＯＣＫな司書が山ほどいるじゃないか!!

オーサカはブルース・ロックな街、と認識を新たにしたぜ。


そうそう、オーサカにいると「にいさん」と呼ばれるんだぜ！　初対面のかたに「にいさん」と呼ばれるのは初めてだったが、なんだか悪くない気分だ。みんなも「にいさん」「ねえさん」と呼ばれたかったらオーサカに行くといいよ。しかし、おかしな関西弁モドキを使うと怒られるからな、そこだけは気をつけたほうがいい、と忠告しておこう。

さて、オーサカの音楽と言えば、といってアレが出てこないんじゃないの？

と思ってるみなさん、お待たせしました。

ベタ中のベタだけど、今回はこれを聴きながらお別れしよう。

憂歌団の『想い出の街』*さ。

みんな、想い出の街があるだろ？　たまには振り返って、少しぐらいセンチメンタルな気分に浸ったたって構わないさ。

オーサカにいい想い出ができたからな。

あたたかくてブルース・ロックな街、オーサカ！

みんなもぜひオーサカに行って、いい想い出を作ってきてくれ、頼むぜ。

もちろんそのときはオーサカの図書館にも寄ってくれよな！

では。

また会おうぜー！

❖

❖

❖

*『想い出の街』収録『シングルス』憂歌団　フォーライフミュージック　1996年

というわけで大阪だ。ここの「大阪でしか飲めないビール」というのは「箕面ビール」のことだ。大阪の箕面市で作られているクラフトビール。実際には「大阪でしか飲めない」ってわけではなく、けっこう売ってはいるんだけど、そうは言ってもやはり地元で飲むのがいい。クラフトビールと図書館は「地域性を大切にする」という共通点があるので相性がいい。図書館員にクラフトビール好きが多いのも肯ける（まあふつうに酒好きなだけかもしれない）。

箕面と言えば（箕面を含む）北摂地域の記憶を、写真などの電子データとして保存、公開している「北摂アーカイブス」が知られている。「記憶は薄れていくが、記録すれば残る」と。活動の主体は市民ボランティアで、箕面と豊中の市立図書館がバックアップしている。

クラフトビールとデジタルアーカイブ。地域を大切にしている土地柄なのだろうか、とイメージがわいてくる。

さて、北摂を含む大阪には「フレンドリーなコミュニケーション」というイメージもある。見知らぬ人にも「にいさん」と気軽に声をかけるような。

旅に出て、来てよかったな、と思うのは人の面白さ、温かさに触れたときだ。

人間を「モノ扱い」する言葉づかいには違和感を覚えるが（人を「動員」する、とか「即戦力」扱いする、とか）、「地域の最高の観光資源は人だ」と思う。そういう意味では、大阪、かなりの観光資源大国（？）なのでは、と思う。

図書館も「人」。「本はあんまりないけど、図書館の人が面白いから来てるよ」と言われるような図書館員でありたい。違う違う（ちゃうちゃう、というべき？）、「本もたくさんあるし、図書館の人がいいから」を目指さないとね。

# ノーベル賞はROCKだぜ！

おはようございまーす。

「おはよう。ノーベル賞おめでとう！」

あ、編集司書。

ノーベルというと、あの、のど飴で有名な？

「そうそう。しかしなめたらアカンぜよ。飴ちゃんだけでなく、グミやラムネも、って違うわ！ノーベル製菓じゃなくて、ダイナマイトでお金持ちになったノーベル!!」

ダイナマイト？『ダイナマイトが百五十屯*』？

「そうそう、マイトガイ！あの高音がたまらんのよね〜、ってそれもちがー

＊『ダイナマイトが百五十屯』＝ROCKな映画スター小林旭によるヒット曲。作詞：関沢新一、作曲：船村徹。

う！ 歳がバレるだら」

あ、ボブ・ディランがノーベル文学賞を受賞した件ですね。

「知っとるじゃん。ミニコントやっとるヒマはないよ。さあさあ展示展示」

そのときだった。

図書館中に爆音でボブ・ディランの『風に吹かれて』が響き渡った！

「何、あれ？」

ボブ・ディランの『風に吹かれて』ですね。1963年リリースのアルバム「フリーホイーリン・ボブ・ディラン」*に収録され、アメリカ公民権運動で象徴的な役割を……。

「それはわかっとるわい。その名曲がなぜ館内整理日の館内に爆音で響き渡ってるのかってことだよ」

そうですねえ、まあこんなことをやるのは館○か、○長ぐらいでしょうか。

「かん○ょう？ いくらか○ちょうでもそれはないわ。さあ、見にいかんとクレー……」

One Too Many Mornings…*

＊『フリーホイーリン・ボブ・ディラン』(The Freewheelin' Bob Dylan) ボブ・ディラン コロムビア 1963年

＊ One Too Many Mornings ＝アルバム『時代は変る』中の曲。邦題『いつもの朝に』。

というわけでノーベル賞だ。かなり昔から噂にはなってたよな、候補にあがってるって。

文学賞を受賞したということは、ＲＯＣＫも文学として認められうる、ということだ。もちろん文学として認められようがそうでなかろうが、どんな賞をもらったってもらわなくたって、ディランのＲＯＣＫの価値が変わることはないんだけど、それでもまた世界中の人に聴いてもらえる機会が増えたってのは純粋に嬉しいじゃないか。

そう言えばこの「ＲＯＣＫはもう卒業だ！」も最初の回はディランの『時代は変る』の紹介でスタートしてたんだったたな。「図書館のフェイスブックにＲＯＣＫなコラムが載るなんて、時代は変わったもんだぜ」なんて書いてたが、まさかＲＯＣＫでノーベル賞を受賞するヤツが出るなんてな。時代は変わる、というかディランが時代を変えたんだな。

Ｔ市図書館も見習って時代を……、いやその前にこの館内に爆音で鳴り響くディランの正体を確かめないと。

まあたぶん館○か、もしくは○長だと思うぜ。

さて中央図書館ではディランの詩集やら自伝やら小説やら、もちろんＣＤも並べてるので、この機会にぜひ読んだり聴いたりしてほしい。

では。

また会おうぜー！

❖　❖　❖

というわけでディランのノーベル文学賞。同賞を初めて受賞したシンガーでありソングライターであり、ロックスターであること、授賞発表直後に本人に連絡がつかなかった（？）こと、などもコミで、大きな話題となった。

ノーベル賞の公式サイトで授賞理由を見ると〝for having created new poetic expressions within the great American song tradition.〟「偉大なアメリカの歌の伝統の中で新たな詩的表現を創造したことに」ということで、「歌詞が詩として評価された」と解釈するのが一般的なのかもしれない。がしかし考えようによっては「song＝歌」も「文学」の範疇に入る、というようにノーベル賞サイドが判断した、とも捉えられる。そんなふうに想像するのも楽しい。

さて、この新しいノーベル文学賞受賞者の作品を図書館で味わおうとすると、CDやDVDなどの視聴覚資料を別にすれば、それらの大半は「英米文学」のコーナーに置かれているだろう。『ボブ・ディラン全詩集』（中川五郎／訳　ソフトバンククリエイティブ　2005）や、『ボブ・ディラン全詩302篇』（片桐ユズル／訳　中山容／訳　晶文社　1993）は（NDC日本十進分類法の）931.7の棚に見つかるはずだ。

NDC 931の9は文学、3は英米、1は詩を表す。931は英米の詩、ということだ。

ボブ・ディランの小説『タランチュラ』（片岡義男／訳　KADOKAWA　2014）（この作品も授賞理由のひとつかもしれないし、そうでないかもしれない）は933.7に分類されるだろう。933は英米の小説。

このあたりがNDCの面白いところ。日本、中国、英米、ドイツ、フランスなどの各文学の中で、1が詩、2が戯曲、3が小説・物語、4が評論・エッセ

『ボブ・ディラン全詩集』（ソフトバンククリエイティブ）

『ボブ・ディラン全詩302篇』（晶文社）

イ……となっている。「文学とはまず詩なのだ」と言っているみたいだ。「そして戯曲があり、小説がやってくる」と。分類の中に大雑把な文学史が見えてくる気すらする。

さてノーベル文学賞。21世紀に入ってからの受賞者17人を見ると、13人が小説家、戯曲家が2人（エルフリーデ・イェリネクは両方にカウント）、詩人が（ディランを詩人として）2人。ジャーナリストとして初受賞のスヴェトラーナ・アレクシエーヴィッチ（NDCで言うと986「ロシアの記録・手記・ルポルタージュ」作品が多い）が目を引くが、21世紀文学の趨勢は小説にあるようだ。

もちろんノーベル文学賞が世界の文学の流れを示すものだとは言わないが、有名で象徴的な文学賞であることは間違いない。その文学賞から見える世界文学の中で、ポツンと浮いた存在感を示しているのが、我らがROCK詩人ボブ・ディランであるのが痛快ではある。

『タランチュラ』
(KADOKAWA)

# 図書館とクリスマス

みなさま、今年もあと1週間。いかがお過ごしでしょうか。1年を振り返り、ご家族やご友人、恋人とゆっくりと素敵な夕べを……

「あ〜忙しい忙しい！」

あ、編集司書。

「12月は何でシワスって言うか知っとるかん？」

え、あ、何だか師匠のお坊さんが忙しくて馳せまわる的な、いや諸説あるとの……

「違〜う、12月は司書が忙しくて走り回る司走（しわす）」

え〜、ホントですか？

「ホントな訳ないだら！　それにしてもヒマそうだね〜。そんなにヒマならコラムでも書いたら？」

はい、ただいま。

「ただし！」

はい。

「よくある甘いクリスマスソングとか紹介して、忙しく働いてる人の神経を逆撫でするんじゃないよ」

ぎくっ。わ、わかりました。

さて。あっという間に年末だ。

今日は12月24日、ま、言ってみりゃクリスマスイブだな。

最近ＰＣ（ポリティカル・コレクトネス＝政治的・社会的公正、公平、中立）を心がけてるんで、一応「言ってみりゃ」とつけてみたぜ。まあつまらない冗談だからあまり気にしないでくれ。

キリスト教徒ならぬＲＯＣＫ司書にはキリストの誕生を祝う習慣はないん

だけど、それでもこの季節独特の、慌ただしいような浮かれたような、街を行く人たちの顔が嬉しそうに見える雰囲気は嫌いじゃないのさ。

　まあシューキョーのことはおいといても、勢いを弱めていた太陽のヤローの力が復活を始める時期だからな、お祭りしたくなる気持ちもわからなくもないよな。

　いつもは厳しい編集司書も、今日は家で家族とゆっくり、楽しく過ごすんだろう。おっと、もちろん今は仕事中だけどな（PC）。


　そんなふうにたくさんの人が幸せそうに見える季節だけど（だからこそ）、お祝いしたいなんて気持ちになれない（これまたたくさんの）人のことだって忘れないようにしたいぜ。

　お祝いどころか、クリスマスってことを知らないように見える人たちを思う、バンド・エイド*の『ドゥ・ゼイ・ノウ・イッツ・クリスマス』はまさにそんな曲だ。

　今年は、いや今年もいろんなことがあった。世界中の、クリスマスって何

*バンド・エイド＝エチオピアの飢餓をきっかけとしたチャリティープロジェクト。

のこと？　っていうような人たちのことを考えることが多かったな。そんなときの『ドゥ・ゼイ・ノウ・イッツ・クリスマス』は沁みるぜ。

それからこの季節、何かと感慨を覚えやすいのは、1年が終わる、からだよな。また1年が過ぎた。心残りはないか？　って考えちゃうのさ。ジョン・レノンの『ハッピー・クリスマス』*みたいなもんさ。少しは司書として人の役に立ったかなあ、とかな（笑）（いやあえて笑っておくぜ）。

ともかく、PCであろうとなかろうと、みんなが本当に望めば戦争は終わるし、始まらないんじゃないか、と思うぜ。みんながどれぐらい本気で望むかにかかってるんだ、とジョンがみんなに語りかけているように聞こえないかい？

そんなわけで今日はもちろんジョンの『ハッピー・クリスマス』を聴きながらお別れしよう。みんながいい年末年始を過ごせるよう願ってるぜ。

では。

また会おうぜー！

*『レノン・レジェンド―ザ・ヴェリー・ベスト・オブ・ジョン・レノン』ジョン・レノン　東芝EMI PARLOPHONE　1998年

❖　❖　❖

さて、クリスマス。最近、チェコの首都、プラハでは面積200㎡以上のお店は12月24日昼から2日間、閉店しなければならない、という法律がある、と報道で知った。クリスマス期間を、のんびり家族と過ごす時間にするため、という趣旨の法律だそうだ。例外は薬局とガソリンスタンドと空港のお店。罰金は最高500万円相当。これは「チェコでは家族と過ごす時間を尊重する文化がある」ととらえるべきか、それとも「法律で縛らないと、人は働きすぎ、働かせすぎになってしまう」と考えるべきか。

日本にはそういう法律は（今のところ？）ないので、クリスマスにお店を閉めなければならないということはない。むしろ開店しているところが多いように思える。図書館は、と言えば、クリスマスだから休館、という話は聞いたことがない。通常の休館日（例えば毎週月曜日とか）に当たらなければ開館しているし、館内にはクリスマス的な飾りつけがされたり、クリスマスに関する絵本などが並べられていることだろう。

しかしクリスマスを過ぎると年末年始。ここで長期休館になる図書館もある。

365日開館、正月開館、というところもあるが、1週間程度お休みになる図書館が多いのではないか。

これについてはいろいろと思うところがある。「休みすぎ！」とお叱りを受けることもあるし、「せっかくのお休みなのに図書館開いてないんだ……」と残念がられることも多い。こちらとしても、帰省される方に「故郷の図書館」を見てもらいたい、使ってもらいたいし、正月気分に浸っていられない受験生に勉強する場所を提供したい。

「サービス」としては休館日は少ない方がいいし、開館時間は長いほどいい。しかしそれで「サービス」が維持できるのか、という問題もあるし、公共の施設のお休みは「どういう社会であるべきか」という設問への「公共としての」回答でもある、という気がする。その回答を形成するのは、社会を構成するわれわれひとりひとりだ。図書館の利用者は、利用する場面では「利用者」だが、図書館サービスの「構築者」でもある。そういったひとりひとりが、「どういう社会であるべきか」考える材料を提供し続けられる図書館であれば、と思う。

# ラジオと図書館とザ・バンドと

イェーイ、ROCK司書だぜ！

なんと！ラジオに出ることになっちまった！

茨城県鹿嶋市の放送局、「FMかしま」に「Dr.ルイスの〝本〟のひととき」って番組*があって、毎週図書館員、図書館人を紹介してるんだ。そこへ出してもらえることになったのさ。その番組では、地元のことや図書館のことを紹介することができるんだ。せいぜいT市とT市図書館の宣伝をしてくるぜ。

少なくとも、大アサリのことだけは忘れないように言わないと。

＊2020年3月、惜しまれつつ放送終了。

大アサリ！　まったくゴキゲンな貝だぜ。

オンエアは明日12月28日、19時30分だ！　みんな、ぜひ茨城県鹿嶋市に行って聴いてみてくれ。

え、明日は鹿嶋まで行けない？　そうか、残念だな…。

いやいや残念、じゃなくてサイマルラジオがあるじゃないか！

なんとFMかしまはインターネットでも聴けるんだ！

http://767fm.com/2012/

ここの画面の右上のインターネットサイマルラジオってところに入って

「FMかしま」

を探してくれ。そしてLISTENをクリックすると放送が聴けるってわけさ。

さて、Dr.ルイスと言えば、ROCK方面でも司書方面でもROCK司書の大先輩なんだ。さすがに緊張するぜ。緊張のあまり放送禁止用語を叫んだりしちゃったらどうしよう……。

というわけで今日は「ステージにあがると緊張する〜」って曲『ステージ・フライト』を聴きながらお別れしよう。ザ・バンド*は大好きなバンドだ。同名のアルバム『ステージ・フライト』に入ってるから、ぜひ聴いてほしいな。

そうそうラジオでもゴキゲンなＲＯＣＫが1曲かかることになってるので、それも楽しみにしてくれ。

では。

みなさん、よいお年を！

また会おうぜー！

❖　❖　❖

というわけで、ラジオに出ることになったのだった。そのときのことは『ラジオと地域と図書館と—コミュニティを繋ぐメディアの可能性』（内野安彦・大林正智編著　ほおずき書籍　２０１７）に書いたり、『図書館からのメッセー

*ザ・バンド＝ＲＯＣＫなバンド。地下室での録音が好き（たぶん）。

『ラジオと地域と図書館と—コミュニティを繋ぐメディアの可能性』（ほおずき書籍）

ジ＠Dr.ルイスの〝本〟のひととき』（内野安彦著　郵研社　２０１７）で紹介してもらっているので、よかったら読んでいただけると嬉しい。

そこにも書いたことなので重複してしまうが、コミュニティ放送局と公共図書館にはいろいろと共通点があって、協働、リンクすれば相乗効果が大きいと思う。乗り越えるべき壁もあるけれども、ここは今後探っていきたいところだ。

さて、このとき「今週の一曲」としてかかったのはザ・バンドの『ザ・ウェイト』。番組はこの回がこの年最後の放送だったのだが、前年の最後の放送でかかったのが同じくザ・バンドの『アイ・シャル・ビー・リリースト』。Dr.ルイスにとってのザ・バンドの位置づけが垣間見えるようで面白い。

ザ・バンドは名ライブアルバム『ロック・オブ・エイジズ』の中で印象的な『蛍の光』を披露していて、それが「年末」感を連想させるのかもしれない。そのライブは１９７１年の年末に行われたもの。ザ・バンドと言えば解散コンサートとなった『ラスト・ワルツ』も有名だし、どこか「終わり」の空気を身にまとったバンドだ。だから特に年末が近づくと聴きたくなるのかもしれない。いや、本当は年中聴いてるんだけど。

『図書館からのメッセージ＠Dr.ルイスの〝本〟のひととき』（郵研社）

『ミュージック・フロム・ビッグ・ピンク』（Music from Big Pink）ザ・バンド　キャピトル　１９６８年

それにしてもブルースやカントリー、ブルーグラスやゴスペル、ジャズ、ソウルなど、様々なルーツ、地域の音を意識し、体現した彼らの音楽。図書館的だよな、と思うのはファンの身びいきなのだろうか……。

# BLUES司書は○○○ちゃん！

Ｙｅａｈ！ＲＯＣＫ司書だよ！

ちょっとごぶさたしちゃったけど、おちこんだりもしてないし、私はげんきだぜ！

「ＲＯＣＫさん、何ひとりごと言ってんの？　最近ＢＬＵＥＳは聴いてる？」

あ、ＢＬＵＥＳ司書。ここでみんなに紹介しておこう。ＢＬＵＥＳ司書は、今臨時的に図書館でおれたちといっしょに働いてくれてる職員で、三度のメシと図書館業務よりＢＬＵＥＳが好き、という面白い人なんだ。ヒトの年齢に言及するのもアレだが、ＲＯＣＫ司書より少し年上のはず……だ、たぶん。

ええ、聴いてますよ。マッキンリー・モーガンフィールド*にチェスター・バーネット*、もちろんロバジョン*やなんかも。

「まあ、どれも素敵だけど、古いわねえ。何か新しいのは聴いてないの？」

新しい……、ジミヘン*とかデュアン・オールマン*とか……。

「どっちももうすぐ没後半世紀じゃない」

はあ、そう言われれば……。ＢＬＵＥＳさんは何をお聴きで？

「そりゃもちろんジョニー・ウィンター*よ、最高でしょ」

ええ、確かに（でもジョニーも亡くなってるよな、３年ぐらい前だけど）。

「それからやっぱりAC/DC*ね」

えー、彼らはどっちかと言うとハードロックでは？

「ふふふ、まだまだ若いわね、あのＢＬＵＥＳテイストがわからないとは。じゃあＣＤをお貸しするから聴いてごらんなさい」

というわけでAC/DCを聴いてみたんだ。もちろん、だいたいどんなバンドかってのは知ってた（つもりだった）し、ひさしぶりにハードロックも悪くないかな、という感じだったのさ。

*マッキンリー・モーガンフィールド＝ブルースマン。別名マディ・ウォーターズ。フーチークーチーな人。

*チェスター・バーネット＝ブルースマン。別名ハウリン・ウルフ。だみ声がいい。

*ロバジョン＝ブルースマン。ロバート・ジョンソン。十字路で何かしたらしい。

*ジミヘン＝ジミ・ヘンドリックス。燃やしちゃうぐらいギター好き。

*デュアン・オールマン＝ブルースマン。空犬。桃好き（たぶん）。

*ジョニー・ウィンター＝ブルースマン。１００万ドルのギタリスト。

*AC/DC＝ＲＯＣＫなバンド、もとい、ＢＬＵＥＳなバンド。

最初は「なかなか骨太なロックだな」といった印象だったが、聴きこんでいくとどうも引きこまれる。クセになるタイプだな。うん、確かにこれはブルージーだ。

あの見た目とか、ケツ出しパフォーマンスとか、「悪魔」だの「地獄」だののタイトルに引きずられて、ちゃんと聴けてなかったんだな。考えてみたら「悪魔」も「地獄」もＢＬＵＥＳの得意分野じゃないか。外見から来る先入観には気をつけないとな。

ＢＬＵＥＳさん、よかったですよ、AC/DC。ヘビロテ状態です!

「そうでしょう、ふふふ、見た目に騙されたらダメよ。ところで私、今週いっぱいなので、それまでにお貸ししたＣＤ返してちょうだいね」

ああ、そうだった。ＢＬＵＥＳ司書の任期はそこまでだったのさ。

はい、お返しします。でも寂しくなります。

「そうねえ、お世話になりました。もっといられたらよかったけど、これで私もなかなか忙しいのよ」

そうですか。

「ＢＬＵＥＳを毎日聴かなきゃなんないし」

ええ、そりゃそうでしょう。

「ギターも練習しなきゃなんないし」

ＢＬＵＥＳ司書の愛器はチェリーレッドのＳＧなんだぜ。

「ハープも覚えたいし」

いいですねえ。

「孫と遊ばなきゃなんないし」

え、え〜、今何て？

「だから〜、ＢＬＵＥＳを毎日聴かなきゃなんないし」

それじゃなくて。

「ギターも練習しなきゃなんないし」

それでもなくて。

「ハープも覚えたいし」

それでもなくて。

「歌も歌いたいわ」

それはさっき言ってないし。

「孫と遊ばなきゃなんないし」

それそれ！　ＢＬＵＥＳさん、お孫さんがいらっしゃるんですか?!

「ええ、いますよ。おばあちゃんなのよ、ふふふ」

そ、そうか、いてもおかしくはないですけどね。

見た目に騙されたらダメってこのことだったのか。

ＢＬＵＥＳ司書はおばあちゃん。

おばあちゃんはＢＬＵＥＳ司書。

なんだかゴキゲンじゃないか。

きっとＳＧでお孫さんにイカしたＢＬＵＥＳを聴かせるんだろう。

「じゃあライブのときは声かけるから来てね」

ええ、もちろん、ていうか図書館で宣伝させてくださいよ。

いや、いっそのこと図書館でＢＬＵＥＳライブをしてもらうってのは……。

「なんだか話が大きくなってるわねえ。じゃ、とにかく、また会おうぜ～」

あ、お株を奪われてしまった。

まあとにかく、何食わぬ顔で働いている司書にもいろんな面がある。テキパキと本を整理したり、笑顔でカウンターに立っている司書も、実はＳＧをギンギンに弾きまくるおばあちゃんＢＬＵＥＳ　ＷＯＭＡＮだったりする場合もあるんだ。

見た目に騙されちゃダメだぜ。

さて今回はＢＬＵＥＳ司書の大好きなAC/DCのアルバム『悪魔の招待状』*(For Those About to Rock We Salute You) を聴きながらお別れしよう。これは「ＲＯＣＫするヤツらに敬礼！」とでも訳していいのかな。今回はもちろんＢＬＵＥＳするヤツに、ってことだけどな。もちろんジョニー・ウィンターも最高だから、よかったら聴いてみてくれ。

では。

また会おうぜー！

❖　❖　❖

*『悪魔の招待状』(For Those About to Rock We Salute You) AC/DC　アトランティック　１９８１年

さて、おばあちゃん司書が世の中にどれぐらいいるかは知らないけれど、図書館で働く人に比較的高齢の方が増えてきているのではないか、という感触はある。それも、いろいろな部署で働いてきてそろそろ定年が見えてきたという頃に図書館に異動になった、とか、民間企業から転職して館長になった、というのではなく、定年などでいったん労働の現場から離れ、再び働きだす場所として図書館を選んだ、とかそんな感じの。あくまで「感触」なので、実際のところがどうかは追究しないし、その背景をここで考察したりはしない。想像するのは、もし図書館で働く高齢者が増えたとしたら、それが図書館のサービスにどういう影響を与えるか、ということだ。

新しいことを覚えるのはなかなかたいへんだ。もちろんそこには喜びもあるけれど、報酬を得る「仕事」を新しく覚えるのはプレッシャーもあるし、それまでのキャリアや持っている知識、知恵が活かせない現場ではストレスを感じやすいだろう。自分の子どもみたいな年齢の「先輩」に、ミスを指摘されたり注意を受けたりすることも、楽しい経験とは言い難いかもしれない。しかしそんな状況でも新しいことを学ぼうとする前向きさに出会うと、単純に「いいな」と思えるし、その学びの場を図書館という職場に求めてくれたことに感謝したくなる。図書館はそういう働き手の気持ちに応える職場であってほしい、と思う。

年齢に関係なく、誰もが新しいことにチャレンジできる。図書館はそれを支援できる。そういうことを利用者、市民に知ってもらう機会でもあるのではないか。

今後、図書館利用者の高齢化は予測されるし、逆に言えば、高齢者に利用してもらえない図書館には未来がない。そんな中、高齢者へのサービス構築を考えるとき、高齢者に近い立場の働き手がいることは大きな強みになり得る。そういう「実利」もある。

高齢者も若年者も、性別や人種や職業や思想信条も、さまざまな人に利用してもらいたいし、働き手もそうであった方が、単純に楽しいではないか。

ＢＬＵＥＳ司書もまた（利用者としてでも働き手としてでも）来てくれるといいなあ、と思いつつ。

# 南相馬のおもちゃ箱

イェーイ、ROCK司書だ！

いきなりだがフクシマに行ってきたぜ！

福島県は南相馬市で、なんだかROCKな司書の集まりがあって、片道6時間かけて行ってきたのさ。なんて近いんだ、ミナミソーマ！　ゴキゲンな市だ。新幹線2本とバスとジョーバンセンを使ってたったの6時間だ。近すぎる。なんだったら500時間ぐらいかけても行く価値のある市だぜ。

しかしミナミソーマの図書館はなかなかROCKな図書館だったよ。なんであんなにザッパ*が揃ってるんだ?!　T市なんかベストが1枚あるっきりだ。負

*ザッパ＝フランク・ザッパ。ROCKな人。ミナミソーマではなくボルチモア出身。

けてる、負けすぎてる。ザッパはひょっとするとミナミソーマか福島県出身なのか？　たぶんそうに違いない。郷土資料なんだな。

福島県というと思いつくのは草野心平*と長田弘*というふたりの詩人だ。並べてみると、飄々としていてそれでいて力強い、大地を感じさせるようなふたりじゃないか。福島県ってそんな感じなのかな……。

ＲＯＣＫミュージシャンでいうと何と言っても遠藤ミチロウ*だろうな（ホントかよ……）。ザ・スターリンは面白かったよな、アザラシ〜。Ｔ市には１枚あるぜ（よくこんなの持ってたな……）。

ミナミソーマは、と検索してみると……、ふふふ1点返したぞ（笑）。しかし遠藤ミチロウの詩集『真っ赤な死臭』（思潮社　１９９４）は入ってた、さすがだ。

そしてもう一冊。『クロニクルFUKUSHIMA』（青土社　２０１１）

これは音楽家の大友良英*（「あまちゃん」*のオープニングテーマは最高だったな）が福島で野外フェスを開催したときの記録をまとめた1冊なんだが、ここに遠藤ミチロウも書いてるんだな。

＊草野心平＝ＲＯＣＫな詩人。蛙好き。

＊長田弘＝ＲＯＣＫな詩人。図書館の椅子愛好家。

＊遠藤ミチロウ＝パンクな人。アザラシ好きかどうかは不明。

＊『Best sellection』ザ・スターリン　ジャパンレコーズ　１９９６年

＊大友良英＝パンクな人。昭和の音楽好き（たぶん）。

＊「あまちゃん」＝２０１３年に放送された連続テレビ小説。脚本、宮藤官九郎。主演、能年玲奈（現在は「のん」）。

『真っ赤な死臭』（思潮社）

南相馬市立中央図書館には「震災・原発事故コーナー」がある。

あの震災から9年。ミナミソーマは市民の心のよりどころであり続ける、ROCKな図書館だぜ。みんなもミナミソーマに行く機会があったらぜひこのROCKな図書館に行って、ROCKな司書に会ってみてくれ。なんだったらROCK司書が紹介状を書くぜ。

では今日は福島県は会津若松市出身の山口隆ひきいるサンボマスター*を聴きながらお別れしよう。名曲は数多いがやっぱり大ヒットした『世界はそれを愛と呼ぶんだぜ』でいこう。名盤『僕と君の全てをロックンロールと呼べ』に収録されているからな。

では。

また旅先のどこかで会おうぜー！

❖　❖　❖

さて。その地の図書館と共に心に残る地名がある。図書館員や図書館関係者なら、いくつかそんな土地をもっているのではないか。自分にとっては南相馬

*サンボマスター＝格闘技の達人、ではなくROCKなバンド。

『クロニクル FUKUSHIMA』（青土社）

がそのひとつで、訪ねたのはこのときの一度だけだが、今でも常に意識する場所だ。

南相馬市立図書館の高橋将人さんは『図書館からのメッセージ@Dr.ルイスの〝本〟のひととき』（前述）で、自館のことを、市民の言葉を引用する形で「おもちゃ箱をひっくり返したみたいな図書館」と表現している。本棚には本だけでなくミニカーやポスター、CDなどが並べられていたり、館内にグランドピアノがあったり、将棋盤、チェスボードが常設だったり、というこの図書館、確かに「おもちゃ箱」という形容が相応しい。

上手なのはそのおもちゃ箱の「ひっくり返し」具合。箱に収められているのではなく、目につきやすいよう、手に取りやすいよう、館内至るところに散りばめられている。人を楽しませよう、喜ばせようという気持ちが伝わってくる。

図書館ってこういうふうであってほしいな、と思わせてくれる。こういう図書館に出会えるから旅はやめられない。再訪しなければ。たったの6時間で行けるのだから。

# ハロー・グッドバイ

どうもごぶさたしております、ROCK司書でございます。

平素は図書館の活動にご理解ご協力賜わりましてまことに……。

何か違うな……。

イェーイ、ROCK司書だぜ！

そうそう、これだった。

春だぜ！　春は、あけぼの*のなんだぜ。やうやう白くなりゆく山ぎは少し明りて紫だちたる雲の細くたなびきたるんだぜ〜。


*あけぼの＝ROCKなエッセイスト清少納言による『枕草子』より。

あれ、これは…ROCKじゃないな。

はーるにな一れーば*、しーがこもとーけるんだぜ〜。

これでもない。

行春や鳥啼き魚の目は泪*だぜ……。

これは……ややROCKか？

春は別れと出会いの季節だ。図書館も例外ではないんだ、異動ってやつがあるからな。頼りにしてるお兄さんお姉さんが違う部署に行ってしまうことになったり、T市を離れることになったりと、ちょっと寂しい今日この頃なのさ。

まあしかしこんな優秀な人材を図書館で、またはT市で独り占めするわけにもいかないからな。世界平和のために快く送り出そう。図書館には代わりに強力な新メンバーも入ることだし、ガンガン盛り上げていくからな。新年度も変わらずT市図書館をよろしく頼むぜ。

え？卒業シーズンだけど「ROCKはもう卒業」しないのかって？え〜とそれは……。


*ROCKな県、秋田の民謡『どじょっこふなっこ』より。

*ROCKな俳諧師、松尾芭蕉の『奥の細道』より。

春色のなごやかな季節、ますます御健勝のこととお慶び申し上げ……。

さてうまくごまかしたところで、今回はビートルズ*の『ハロー・グッドバイ』でお別れしよう。シンプルなようでいてなかなか難解な、というか意味深な歌詞だが、今日のところは「出会いがあれば別れもある」ぐらいに聴いておいてくれ。

HELLOもGOODBYEも、YESもNOも、GOもSTOPもHIGHもLOWも図書館にはあるからな。

ある意味、実に図書館らしい曲じゃないか？　しかしみんながWHYと言ったときに図書館員はI DON'T KNOWとは言わないと思うので、そこは安心してほしいな。

『ハロー・グッドバイ』は楽しげ（？）なジャケットの『マジカル・ミステリー・ツアー』*に入ってるから、よかったら聴いてみてくれ。バンドスコアもあるから、演奏してみるのも悪くない。

まったく人生はマジカルでミステリーなツアーだよ。

＊ビートルズ＝ROCKな4人組

＊『マジカル・ミステリー・ツアー』(Magical Mystery Tour)　ザ・ビートルズ　キャピトル　1967年

では。

また会おうぜー！

　というわけでＲＯＣＫを卒業することなく季節がなんとなく一巡してしまった感じだ。たくさんのハローがあり、グッドバイがあった。

　こんな司書が本当にいるのか、こんな図書館が本当にあるのか、よくわからないけれど、図書館がどこにでもいる「フツーの人間」によって運営されていることだけは間違いないと思う。少しでも身近に感じて「図書館、行ってみようかな」と思ってもらえたら、これほど嬉しいことはない。

　ＲＯＣＫも図書館も、本当は卒業なんてない。いろんな手で役に立とう、喜ばれよう、と、いつでもあなたを待っている。

# ROCK司書の生活と意見

真実を書こう。大事なことをやってるんだから記録しておかないと。それに心配事をうちあけられる親友なんて、今はひとりもいないのだから。

ピート・タウンゼンド

『ピート・タウンゼンド自伝　フー・アイ・アム』（河出書房新社　２０１３年）より

記録しておいた大事なことが、後に本になってみんなに読まれる。親友がいない時期も悪くない。

ＲＯＣＫ司書

# ウェルカム・トゥ・図書館会員

おずおずとカウンターに向かって歩いてくる姿で「あ」と思う。新規登録の人だな、と。さりげなくウェルカム感を湛えて会釈。どうぞ、こちらへ。

「こんにちは」

「あの、会員証をつくりたいのですが……」

ううむ、「会員証」ですか。こちらでは「利用カード」とか言ってるんですけど、まあ同じものですよね。というのは心の声で、もちろん口には出さない。

「初めてのご利用ですか？」

慣れない場所へ来て、初めてのことをしようとしているときに、最初から「否定の言葉」を聞きたい人はいないのではないか。とりあえずは「はい」「いいえ」で答えられる（できることなら「はい」と言える）クローズドクエスチョンでお迎えする。ようこそ、いらっしゃいました、と。

しかし、まず「会員証を……」という利用者（利用開始者）はけっこう多い。統計はとっていないけど「本を借りたいのですが……（どうすればよいですか？）」「初めて来たのですが……（どうすればよいですか？）」に続く第3位を「カードをつくりたいのですが……（どうすればよいですか？）」と争っている、というところではないだろうか。

「会員証」と言えば会員の証。それをつくろうというのは「当図書館の会員」になってくれようとしている、ということですよね。ありがたやありがたや。しかしちょっと面白いのは「入会したいのですが……」「会員になりたいのですが……」という方にはお目にかかったことがないけど「会員証……」という方はいらっしゃる、というところ。「会員証」という言葉が浸透していることのあらわれだと思う。

回りくどい書き方になったが、率直なところ、CDやDVDとかをレンタルするところでは「会員証」が必要、だったら図書館もそうだろうな、という類推が働いたのだろう、と想像できる。図書館はレンタルショップのようなもの、と認識する人がある程度存在する、ということだ。

それも無理はない、文化的なソフトを借りることができる、という点では図書館もレンタルショップも同じだからだ。もちろん図書館とレンタルショップは違う。いろんな意味で違うけれども、「会員証」と「利用カード」（この呼称は図書館によって違うけれども）の違いはどうだろうか、と考えてみる。

図書館で本や雑誌やＣＤ、ＤＶＤを借りるには「利用カード」が必要だ。例えばそれ以外の図書館で提供しているサービスについてはどうだろう。例えば図書館としては基本的、かつ重要なレファレンス・サービスについて、利用カードは必要だろうか。当日の新聞や、雑誌を閲覧するのはどうだろう。著作権法の範囲内で資料をコピーすることは？　国語辞典や百科事典、その他の資料を使って館内で調べものをするのは？　図書館主催の講演会やおはなし会、イベントに参加するのは？　無線ＬＡＮによるインターネット接続は？　トイレの使用は？　冷水器の水を飲むのは？　館内のソファに座って外を眺めるのは？

細かいところは図書館によっていろいろ違うかもしれないけれど、基本的にはカードがなくてもできることはたくさんある。というかカードがないとできないのは貸出と予約、未所蔵資料のリクエストぐらいではないだろうか。だとしたらレンタルショップの「会員証」と位置づけはそんなに違わないのでは、と思えてくる。

それに、図書館の「会員」になってもらうというのは、なんだかいい。「利用者」というのは少しよそよそしい感じがする。「ただ利用するだけの人」みたいな。利用の仕方にもいろいろあるけれど、それでも図書館との関わり方は「ただ利用するだけ」ではない。支援したり擁護したり、ときには厳しく見守ったり意見したりということもあるだろう。「利用者」という言い方ではそのニュアンスは伝わらないような気がする。「お客様」というのも、現実的には呼びかけとして使うところも多いけれど、ちょっと微妙なところだ。図書館に来てくれた人は「お客様」なのかどうか。ホスピタリティのあらわれとして、あまり否定したくはないけれど、やはり違和感はある。

アメリカでは図書館の（所謂）利用者を「パトロン」と呼ぶようだ。「パトロン＝patron」というのは「後援者、支援者」などの意。これには財政的な支援も含まれるだろうから、「納税によって、また利用によって図書館を支援する人」を表すのにはちょうどいい言葉のように思える。納税はしていてもしていなくても、市民が「パトロン」感覚で図書館の応援をしてくれたり、サービス構築やコレクション構築についても積極的に意見を言ってくれたりするようになれば、図書館はもっと市民にとって身近な存在になるだろう。

そのためには「利用カード」を「会員証」と言い換えて、「利用者」から「会員↓パトロン」になってもらうのも面白いかもしれない。

さらに妄想を進めると、「会員」があるなら「プレミアム会員」なんてものがあってもいい、と考える図書館が出てくるかもしれない。基本的なサービスは無料、そこから先は「課金」というビジネスモデルが存在するからには、図書館にも応用可能、と。

もちろん基本的には無料。その上でどんなサービスなら有料でも使いたいと思ってもらえるか。図書館の思考の柔軟さやセンスを見てみたい気もする、といったら怒られるかなあ……。

「会員証をつくりたいんですが……」

「ありがとうございます。通常会員は無料、プレミアム会員は○○の利用が可能で○○円となっておりますが……」

なんて会話が図書館内で聞こえてくる日が来るのか来ないのか。

あ、あと「利用カード」「会員証」が「ポイントカード」になるってのはどうかなあ……。

# WHAT'S OPAC

専門用語を言い換えよう、という動きは、図書館内でも、また図書館員コミュニティでもよくある。伝わらない専門用語、確かに多い。

「レファレンス・サービス」と言われて理解できる人は図書館関係者以外ではごく少数だろう。そして言い換えが難しい。ひと言で言い表せないから、言葉の連なりになってしまって、これもとっつきにくくなる理由のひとつかもしれない。「情報を求めている利用者に対して、図書館員が提供する個人的援助」(『図書館用語集』4訂版　日本図書館協会　2013、以下『用語集』)ってねえ。まあそれはそうなんですけど。「参考調査活動」(『用語集』)と言い換えても、あまり前進した感はない。

そこまで専門用語でなくても、会話の中で使うと理解されにくい言葉も多い。「書庫」と言えば「書庫」だよねえ、と言うほうは思うのだけど、聞くほうは「ショコって何？」となる。「トウカンではショゾウしておりませんのでソーゴタイシャクで……」なんて言った日には「？？？」となる。相手が理解できる言葉で話さないといけないし、それには「相手が理解できる言葉」が何か知らないといけない。「相手が何をどの程度知っているか」を探りながら話すのはレファレンス・インタビューの肝要だと思うけれど、その前にコミュニケーションの肝要でもある。

常にその専門用語が通じるのかどうか判断しながら、言い換えるべきところは言い換えて、利用者と話をしていきたい。

というのは前提として。「もうこれは言い換えはあきらめてもいいのでは」という単語もいくつかある。その筆頭が「ＯＰＡＣ」。これはもう図書館員なら知らないはずのない単語。Online Public Access Catalog〈オンライン利用者目録〉または〈オンライン閲覧目録〉の略称で、オーパックまたはオパックと読む（『用語集』）。しかし「目録」がすでにけっこう難しいのではないか。

図書館員ならぬ読者のために説明すると、要するに「図書館にある本を検索するシステム」のことだ。

館内にあるパソコンやタブレットで利用することができるし、インターネット環境があればどこからでもアクセスできる（場合が多い、ぐらいにしておこうかな……）。パソコンはパソコンであり、タブレットはタブレットであって（何言ってる?）、それ自体がOPACではないのだけれど、OPAC専用のパソコンなんかは、もうそれをOPACと呼んじゃえばいいんじゃないか、という気がする（乱暴ですか?）。

「しかしOnline Public Access Catalogを覚えてもらうのはなかなかハードルが高いんじゃないかな」

確かに。しかしATMのことをautomated/automatic teller machineの略称で「現金自動預け払い機」（これは『用語集』ではなくWikipediaより）のことである、と理解している人はどれだけいるだろうか? もしかすると「レファレンス・サービス」を知っている人と同じぐらいなんではなかろうか。しかし多くの人はATMが何か知っているし、そこで何ができるか知っているし、使いこなしてさえいる。

さらにＡＥＤというものがある。Automated External Defibrillator の略称で「自動体外式除細動器」（Wikipedia 先生、ありがとうございます）である。駅やコンビニ、場合によっては図書館にもあったりするアレだ。除細動とか心室細動とかの意味がわかっていなくても、心臓が止まっている人、呼吸をしていない人に対して使用する医療機器だということはかなりの人に知られているのではないか。講習を受けたことのある人も少なくないだろう。

ＡＴＭやＡＥＤとＯＰＡＣの違いは何か？　どうしたらＯＰＡＣの認知度を彼ら（？）のように上げることができるのか。

ＡＴＭは人々の生活に溶け込んでいる。現在でこそキュッシュレス化が進み（政府が推進するぐらいだ）、現金を扱う機会が減ってきてはいるものの、長年にわたって人々は現金をおろしたり預けたり振り込んだりしてきたのだ。そのための機械のことは、たとえ言葉の意味を把握していなかったとしても、ちゃんと認知し、利用できるようになるのだ。

ＡＥＤはどうか。こちらは人命に関わっている。だから関係者の周知にも力が入る。講習を経ないと使いにくいから講習の機会も多い。講習を受ける側も、人を死の淵から救うことができるのなら、と思い受講する。受講したらそれを人に伝えたりしてＡＥＤの輪が広がっていくのではないか。

結局、認知度が高まるのは「人の役に立つもの、周知に時間と手間がかけられたもの」、そんな当たり前のところに落ち着くのではないか。

「図書館に来ている人は実際にちゃんと使えているのだから、名前を周知する必要はそんなにないんじゃないかな」

いや、名前を知らなければ人に伝えられない。人にその場所を聞くこともできない。やはり名前を知って、覚えてもらいたい。もっと言えば、図書館に来たことのない人にこそ、ＯＰＡＣやレファレンスのことを知って、図書館を訪れるきっかけにしてもらいたい。そしてこう尋ねてほしいのだ。

「すみません、ＯＰＡＣどこですか？」と。

# 司書は誰にでもできる仕事か

司書が誰にでも務まるかを問われ、「そうです、誰にでもできる仕事です」と言い切ってしまうと、お叱りを受けることになるだろう。向上心の強い司書は多い。自己研鑽に励み、専門性を高め、図書館に無くてはならない存在であろうと努める司書の、いかに多いことか。実際そうしなくてはいられないほど、司書を取り巻く状況、とりわけ雇用に関するそれは厳しい。「誰にでもできるなんてとんでもない！」と。

しかし、というか、だからこそ「司書は誰にでもできる仕事」だと考えたい。

図書館は多様性を重んずる場所、そしてもっと幅広い層に利用してもらえるような方向を、と思えば「多様な、幅広い職員がいる」ということは大きな価値になるのではないだろうか。老若男女（という言い方がすでに少し多様性を狭めているかもしれないのだけど、ここは慣用句として使っておく）、障がいの有無、持病、身体的大小や強弱、性格、嗜好など、「どんな人でも働ける図書館」だったら、「どんな人でも利用しやすい図書館」になるのではないか。

「足りない部分」に目をやると「〇〇ができないから司書としては働けないよ」ということになりがちかもしれないが、逆に言えばその「足りない部分」を補うことができれば働くことができる、ということになる。図書館という場所は誰にとっても「足りない部分を補える場所」であれば、と思う。もちろんそこで働く人にとっても。そして「補いながら働いている」人を見れば、利用する人も「補えるんだ」ということが理屈抜きに理解できる。

また、わかりやすい「足りない部分」がある人がいると、まわりは「やさしく」なる。「足りない部分」は（誰かが、または誰でも）「補う」ことが自然なことだからだ。そしてふだんは自身の「足りない部分」を意識したことがない（意識する必要がない幸運な）人も、自分も誰かに補われ、助けられている、ということに気がつく。それがその場所を「やさしい」ものにするのではないだろうか。「やさしい」とひらがなで書いたのは「優しい」と「易しい」のふたつの意味を同時に表したいからだ。「優しい」人がまわりにたくさんいると生きていくことは「易しい」。「優しい」場所には参加することが「易しい」。そんな意味だ。

そんなことを考えるきっかけになったのが『大丈夫、働けます。』（成澤俊輔　ポプラ社　２０１８）だった。自称「世界一明るい視覚障がい者」である著者は就労困難者の支援を仕事にしている。就労困難にはさまざまな理由がある。身体障がい、知的障がい、精神障がい、発達障がい、引きこもり、難病、若年性認知症、ホームレスなど。そのさまざまを抱えるすべての人に「大丈夫、働けます」と彼は言う。

その彼が強調するのが「『社会に人を当てはめる』のではなく、『社会が人に合わせる』」ということだ。

社会は人がつくったものであるはずなのに、その社会に人が振り回される。人のためにあるはずの社会で生きづらさを抱える人が多くいる。人を大切に考えるならば「社会が人に合わせる」のが本筋なのではないか。

『大丈夫、働けます。』（ポプラ社）

本書で紹介される発想法で興味深いのは「仕事を切り出す」という考え方だ。「仕事の切り出し」とは、その人の能力に合わせて仕事をつくること。障がいがあるから、病気だから、コミュニケーションが苦手だから、これぐらいのことならできるだろう（これぐらいのことしかできないだろう）、と勝手に決めつけて仕事をさせるのと、その人の能力を知り、見極め、それに合った仕事をしてもらうのとでは、働き手にとっても、企業・団体など働いてもらう側にとっても、その仕事の価値がまったく違ってくる。

いろいろな立場の自身を想定して考える。自分は自分の能力を活かした仕事をしているだろうか。また、他人の能力や特性を知って働いてもらうことができるだろうか。就労困難な人が職場にいたとしたら、その人に仕事を切り出すことができるだろうか。仕事を切り出すにはその人を知らなければならないし、また、仕事自体を熟知していなければならない。それが自分にできているだろうか、と問うのだ。

おそらく、という言い方は適当でないかもしれないけれど、図書館には「いろんな仕事がある場所」であってほしいのだ。どんな特性をもった人でも、図書館で、司書として、働きたいといったとき、自信をもって仕事を切り出せる状態にいたいと思うのだ。

また、ひとりの人間に仕事を切り出すのではなく、ひとつの機関に仕事を切り出すことは可能だろうか、とも考える。もちろんその機関とは図書館である。

図書館が就労困難に陥ったとしたら、陥っているとしたら、「中の人」としてではなく、図書館を含む社会の側、市民として、コミュニティの一員として、図書館に「仕事を切り出す」ことはできるだろうか。現在図書館が行っている事業以外に、図書館がもっている能力を活かすことができて、また、社会で本当は必要とされているけれどもまだ誰も手をつけていないような、潜在的な事業を切り出す、掘り出すことができるだろうか。

それができるようになれば、図書館の仕事も広がり、胸を張って言える日が来るかもしれない。「司書は誰にでもできる仕事ですよ」と。

# R眼鏡のこと

老眼鏡がカウンターに置いてある図書館は多い。これはちょっといいと思う。

何かを読んだり書いたりする予定なく外出して、偶然？　ふとしたきっかけで？　初めての図書館に立ち寄ることになる。最初は何の気なしに本の表紙を眺めたりしていたが、関心を引く本に出会い本格的に読みたくなるが、老眼鏡を持っていないことに気づく。まあ今回はやめておくか、と思いながらカウンターの前を通ると館内で利用できる老眼鏡がある。ちょっと借りて、件の本を読み始めると止まらない。これは借りていこう。カウンターに戻って、借りた老眼鏡で利用登録の申込書を記入。なんて展開があったとしたら嬉しい。

さてその老眼鏡、使い始めるときにはちょっと躊躇してしまったり、気後れしてしまったり、と馴染むまでにハードルがあるように感じる。老眼は40歳ごろから始まることが多いと言われる。40歳は「若者」ではないかもしれないけれど（若者もいるか、いるな……）、「老」という感覚には程遠く、違和感を覚えるのだろう。

日本語の「老」の字、必ずしもいい使い方をされているとは思えない。「老練」「老成」「老舗」など「経験を積んだ」という意味を持つ熟語もあるけれど（「老練の司書」なんて言われたら悪い気はしないが、誰にでも言えるかというと、これが微妙なところだ。「老獪な司書」？ いや、それはどうかな……）、「老醜」「老朽」「老廃」の負の印象が強い。「老師」というと日本語では「年をとった師、先生」なんだろうけれど、中国語ではただ単に「先生」の意味だという。どうも日本語の「老」、肩身が狭い。

しかし経験を重ねていけば小さい文字が見えるようになるわけはなく（見えづらくなる、だから「老眼」なんだな）、老眼鏡のお世話になる。もしその「老」

に引っかかりを感じるのだったら「老眼鏡」という名前を何とかしたらどうだろう。

いくつかの外国語を調べると「老眼鏡」は、「読む」「読書」という言葉と「眼鏡」という言葉の組み合わせであることが多い、ということがわかった。英語では「Reading glasses」（この言い方は日本でもときどき見かけるけど、まだまだ一般的とは言えないのではないか）、イタリア語で「Occhiali da lettura」(Occhiali は眼鏡、lettura は読書の意)、スワヒリ語で「Kusoma glasi」(Kusoma は読み物、glasi は眼鏡）などなど。中国語では「老花鏡」とのことだが、まあこれはちょっと置いといて。

「老眼」という現象に対応するための道具、ということで言えば「老眼鏡」でもいいのだが、「読書」をするための道具、ならば「読書鏡」とするのも可能、というか無難ではないか。しかしちょっと面白みに欠ける（老眼鏡の新ネーミングに面白みが必要かどうかは意見が分かれるところかもしれないが……）。そこで考えたのが「R眼鏡」である。発音は「あー（る）がんきょう」としておこう。（る）は小さめに、やや巻き舌で発音することに注意。

Rは「老」の略でもあるし、ReadingのRでもある。そしてR18などというときのR、Restricted（制限された）の意味も含ませている。つまり「水晶体が硬化してないような若者には開かれていない眼鏡」ということだ。それからROCKのRでもある（いや、関係ない）。

どうだろう、あー（る）がんきょう、流行らないかな。いつか「昔はR眼鏡のこと、老眼鏡って言ってたんだよね～」なんていう日が……、来ない、うん、来ないいな。

それはそうと、本を読むときは、お気に入りの「読書グッズ」を用意すると読書がさらに楽しくなる。栞とかブックカバー、大物では書見台や読書灯なんてのもある。トートバッグもある意味では読書グッズと言えるかもしれない。書店などで見かけることも多いので、本好きには気になる存在なのではないか。そんな読書グッズの仲間にR眼鏡も入れてもらいたい。好みのR眼鏡をかけたいがために本を読む、なんてことがあったらいいな、と思う。

さて、そんなR眼鏡、図書館で売ってみたらどうだろう。トートバッグ、ポストカード、クリアファイルなどのオリジナルグッズを販売している図書館はある。そのラインナップにR眼鏡も加わったら面白いのではないか。デザインを公募、とか地元企業とコラボ、とか妄想はいろいろと広がる。その売り上げが図書館運営に充てられるとしたら、図書館支援のために購入しようという人もいるかもしれない。いずれ「図書館なのにR眼鏡を売っていないなんて！」などと言われる日が……、来ない、ぅん、来ないな。

冗談はさておき、図書館が独自の財源を持つ、ということはこれから検討されていくべきことと思う。そこにグッズ販売という選択肢があり得るとしたら、読書を楽しくするようなモノは人気商品になっていきそうな気がするがどうだろうか。

# WORKとPLAY

『音楽の未来を作曲する』（晶文社　２０１５）で著者の作曲家、野村誠は、高校1年の時に初めて作曲家の先生を訪ね、自作曲の楽譜を見せ「これは、作品というより、君の演奏だね」と言われたエピソードを紹介している。この言葉を「一流の作曲家になるために、「作品」というより「演奏」という部分を個性として保ちながら、独学で自分の道を進みなさい」というメッセージだと解釈した野村は、その個性を活かした作曲活動を続けていくことになる。

そして「作品」と「演奏」を英語にすることではっきり対比できるという。

つまり「作品」＝WORK（仕事）、「演奏」＝PLAY（遊び）、というわけだ。「作品というより演奏」というのは「仕事というより遊び」の意である、と。

たしかにこの対比はわかりやすいし、面白い。作曲家の仕事は作品づくり、演奏は遊び、そして遊んだ結果が作品になったりする。芸術と遊びの関係が見えてくるような対比だ。

ここで（やっぱりというか何というか）図書館に当てはめて考えたくなる。図書館でWORKをするのが図書館員。ではPLAYするのは誰か。利用者？　それもそうだが、それだけではないと感じる。WORKERとPLAYER、と言い換えるとさらにわかりやすいかもしれない。図書館WORKERというのは主に図書館員ということになる。教育長や教育部長はたぶん図書館WORKERではない。市長（首長）も違う、ような気がする。ボランティアとして図書館で「働いて」いる人も、見た感じWORKERに見えなくもないけれど、やはり少し違う。これらの人たちはみんな図書館PLAYERだろう。図書館を舞台に活躍することができるし、遊ぶこともできる。

PLAYERの範囲は広い。別項（本書119ページ）で書いた「パトロン」や「会員」

『音楽の未来を作曲する』（晶文社）

よりもさらに広い。図書館で講演会をする人、それを聞きにくる人ももちろんPLAYERだし、芸術作品の展示をする人も、その作品を鑑賞する人もそうだ。

さらには図書館に入れる本を持ってきてくれる書店や取次（で働く人）もそうだし、その本をつくっている出版社（で働く人）も、その本を書いている著者もPLAYERだ。本に関わっている人はみんな図書館PLAYERなのだ。ここのところは意識しておきたい。

彼らは図書館以外のところで働いてつくった作品、仕事（WORK）を、図書館という遊び場（PLAYGROUND）で、演奏したり上演したり遊んだり（PLAY）する。図書館は壮大な遊び場でもある。そんな遊び場で遊んでくれるPLAYERの幅を広げ、数を増やしていくのが図書館WORKERの重要なWORKではないだろうか。

ただ気をつけておきたいのは、こちらが「図書館という遊び場で思う存分PLAYしてください」と思っていても、相手が「そんなところで無償WORKさせられたくない！」と感じることもある、ということだ。図書館がPLAYERから「やりがい搾取」をしていたら洒落にならない。遊び場の提示方法も大事だし、PLAYERとのコミュニケーションも欠かせない。図書館でPLAYすることが、そのPLAYERにとってメリットがあること、楽しいこと、であるようにサービスを構築できたらいいな、と思う。出版社や作家との利害関係についてはいろいろと話題になるところだけれど、しっかりコミュニケーションをとってお互いのプラスになるような関係を築きたい。出版社や作家が苦境に陥ることは、図書館がそうなることと同じではないか。

さて、その図書館で仕事をして作品をつくりつつ、さらに演奏したり遊んだりできるのは図書館員だけ、と言ってもいいだろう。その特権を享受しながら「遊んでるだけ」にならないよう、価値あるWORKをして、その精度を高めていかなければならないし、その成果を外に知ってもらえるように努めなければならない。それが図書館WORKER-PLAYERであるものの義務、と言えるだろう。

# 図書館だって歌いたい！「うたう図書館」ライブ評

♪あーあー、はってっしーないー、ゆめを……え、「大都会を歌え」じゃなくて「ダイトケンで歌え」？す、すみません（この文章はダイトケンこと大学図書館問題研究会の『大学の図書館』37巻2号2018・2のために書いたのだった）。

では気を取り直して。

イエーイ、ROCK司書だぜ！

ふだんはT市図書館のフェイスブックでバカなコラムに登場してるんだが、今回「ダイトケンでも歌ってみない？」とのお話をいただいたんで、このあいだT市であったイベントを紹介させてもらうことにしたぜ。

そのイベントは「うたう図書館」っていうんだ。T市中央図書館15周年の記念に、作曲家の野村誠さんを招いて、市民のみんなといっしょにオリジナルの歌をつくり（「うたう図書館ワークショップ」）、最後には開館中の図書館で大きな声で歌っちゃおう（「うたう図書館フェス！」）という、ゴキゲンなイベントだったのさ。この企画をコーディネートし、推進、運営してくれたのが愛知大学文学部の吉野さつき先生と、彼女が率いるメディア芸術専攻の学生のみんなだ。みんなには今回の「うたう図書館」だけじゃなくて、これまでに何度も館内で作品展示などをしてもらっているんだ。大学のポテンシャルには驚かされたぜ。すごいパワーだよ、まったく。

閉館後の図書館や、同じ建物にある文化会館の会議室なんかを使ってやった歌づくりのワークショップは4回。こちらはオープンなワークショップで、誰でも参加できるもの。この他にT中学校や養護盲老人ホームの福寿園にもお邪魔してアウトリーチワークショップもやったんだ。その成果を本番の「うたう図書館フェス！」で発表したってわけさ。

ちなみにT中学校はボランティアグループの「たはランティア」メンバーが図書館に来て活動してくれているし、福寿園には「元気はいたつ便」（T市図書館では市内の高齢者福祉施設に出向いていって回想法とかレクリエーションとか本の貸出とかをやってるのさ）で普段からお世話になっているんだ。そういう、これまでT市図書館の活動を支えてきてくれたみんなと15周年を祝うイベントをやるってのがよかったんじゃないかな。

図書館の活動を支えてきてくれた、といえばT市図書館サポーターズの『おおきなかぶ』さんには（今回も！）たいへんお世話になった。そんな「図書館とご縁のあった人（たち）」と、イベントをきっかけに「新しく図書館に来てくれた人（たち）」が出会って、また何か面白いことが始まったらいいよな。

なんだか前置きが長くなったぜ。ではフェス！当日の様子を紹介しよう。

12月23日午後3時の本番、事前申し込みのあった出演者は80人ほど。ここに当日飛び入り参加の人が数十人ほど加わり、目標の「100人でうたう」は達成されたようだ。場所は館内の「くつろぎコーナー」（ふだんは飲食可能な、ちょっとくつろげる空気のスペースだ）付近をスタート地点に館内各所。

まずは野村さんの「鍵盤ハーモニカ・イントロダクション」で幕を開ける。これは鍵盤ハーモニカ奏者でもある野村さんのソロパートで、鍵ハモのいろんな奏法（頭で弾いたりもするんだよ！）なんかを盛り込みながら、笑いも交えて出演者、観客を一気にイベントの世界に引き込むんだ。

会場が暖まったところで次は福寿園でのワークショップの録音を聴く。どんなワークショップを経てこの日のフェス！に至ったかがよくわかったと思うぜ。図書館内でお年寄りの話や声を聴くのは実にしみじみといいもんだったよ。次に「Tの図書祭り」。出演者全員による声のアンサンブルだ。

「ほーん、ほーん」

「ざっしー、ざっしー」

「ほん、よむなら、としょかん」

「しんぶん」

「ぶんこ、えほん」

と5つのパートに分かれて大合唱。これは祭り気分が盛り上がる。

そしてT中学校生徒による朗読と校歌のコーナー。校歌は、1番：本を頭の上に乗せて、2番：本をパタパタ開いたり閉じたりしながら、3番：本を床に積み上げながら、それぞれ歌う、というもの。こいつはなかなかシュールだ。使われた本は除籍*済みのもの、ということは一応言っておこう。

ここでステージは「こどもしつ」へと移るんだが、その移動を「Tの図書祭り」を歌いながらパレードして行ったんだ。これは壮観というか異様というか……、まあ楽しかったことは間違いない。後で出演者から聞いたんだが小学生の子どもたちは家に帰っても「ほーん、ほーん」「ざっしー、ざっしー」といつまでも止まらなかったらしいぜ。確かにこいつは中毒性が強い。

移動先の「こどもしつ」ではトーンチャイムを使ったかくれんぼ。これはワークショップでも盛り上がった企画で、かくれる人はトーンチャイムを持ってかくれる。かくれ場所で鳴らされるトーンチャイムの音を頼りに、鬼はか

＊除籍＝図書館の本（など）を図書館のものでなくする、いわゆる「原簿から削除」すること。内容や状態で判断されることが多い。わりと辛い仕事（個人的意見）。

くれた人を探す、というもの。図書館でかくれんぼというのはなかなかできないんじゃないかな。

その後、今度はタンバリンや鈴などの楽器も加わって「Tの図書祭り」を歌いながら視聴覚資料コーナーへ移動。

そこではワークショップでつくった「タイトルズ」なる曲を披露。これはワークショップ参加者が「このタイトルを歌詞にしたい」と思った本を持ち寄って、それを並べて歌詞にし、メロディーをつけたもの。意味を探るのは難しいけれど、「本のタイトル」が濃厚なエネルギーを持った言葉でできていることが確認でき、ある意味「本の魅力」を紹介する曲になっていたんだ。

タイトルの次は本の中身。「ジングルベル」のメロディーに乗せて本の一節を順番に歌う、というもの。本の内容と「ジングルベル」のメロディーにギャップがあったりして、そこにおかしさが生まれる。時間の関係もあり、歌で参加できたのは数人だったが、サビは全員で大合唱、これも盛り上がったのさ。

盛り上がった後はまた「Tの図書祭り」で移動。次は3つのグループによる音読アンサンブル。ひとりが手に取った本の一節を声に出して読む。その一節をグループ①が続けて読む。次にグループ②が、そしてグループ③が読む。そして次のひとりが別の本の一節を声に出して読む、という繰り返し。つまり同じ文（や言葉）を合計４回ずつ聴くことになるのだけど、これがなんだか不思議なグループ感を生んで、音楽でもあるのだけれど、新しい読書のカタチにもなり得るのでは、と感じたぜ。

次の移動ソングは「図書節」。これは「炭坑節」の替え歌。「あんまり残業が長いので、さぞや司書さん眠たかろ、サノヨイヨイ」は笑うべきか泣くべきか……。１００人を超える人がそんなのを歌い、踊りながら図書館を練り歩く。まったくどうかしてるぜ。

今度の移動先、２階へ上がる階段では中学生がスタンバイしていて「愚痴のうた」を二部合唱。こちらは中学生の愚痴を歌詞にしたオリジナルソング。彼らがどんな不満を感じ、またどんな希望を持ちながら生活しているのかが伝わってくる。この歌では歌詞に因んだ本を手に持ち、表紙を見せながら歌う、という趣向もあった。「iPad Pro が欲しい」という歌詞には iPad Pro の本、「先生が煙草くさい」という歌詞には禁煙についての本、という具合。

クライマックスは、2階回廊でトーンチャイムやハンドベルを持った出演者が1列に並んで「たっはらベルのカノン」(「パッヘルベルのカノン」だな)を奏で、コーラスの出演者は1階で「た〜は〜ら〜」と歌い上げる。これは年末の雰囲気もあって、なかなかいい感じだったよ。

そして2階の出演者が1冊ずつ手に持った本を順番にドミノのように閉じていき、最後に「いよーっ、本!」と閉じる「百本締め」でおしまい。出演者、観客からの拍手はしばらく鳴りやまなかったぜ。

とまあ、そんな感じの「うたう図書館」だったのさ。みんなの歌声に反応して、図書館自体も「図書館だって歌いたい」と感じたに違いない。図書館の歌声を聴いたのはROCK司書だけじゃなかったと思うぜ。とにかく楽しかったし、けっこうみんなに喜んでもらえたんじゃないかな。それもこれもいろいろな形でこのイベントを支えてくれたみんなのおかげだ。ここでお礼を言っておこう。どうもありがとう!

さて「なぜ図書館で歌わなければならないのか」という疑問をおもちの方も多いと思うし、ＲＯＣＫ司書も考え続けてるんだ。明確な答えはまだ出ていないんだけど、もしよかったらＴ市図書館に来て一緒に考えてみてくれないか？ みんなで考えれば、きっと答えが見つかると思うのさ。

では。また会おうぜ～！

俺もアメリカ文化について書かれた本を求めて
公共図書館の本棚を漁った。

キース・リチャーズ

『ライフ』（楓書店　2011年）より

ROCKと公共図書館は
相性がいいんだ。言わな
かったっけ？

ROCK司書

いた例にも遭遇した。「『はちみつとえんらい』予約好調ですねえ」みたいな。

たまたま身のまわりで連発しただけかも、と思いネット検索してみると、うーん、やはりけっこうある『蜂蜜と遠雷』。こうなるとまるで『蜂蜜と遠雷』という作品が実際にあるようだ。というか実際にあったとしたら間違って買われてしまうのではないか？『蜂蜜と遠雷』、著者は恩田睦。ほら買いたくなってくる。

そうか、では美大を舞台にしたコミック『ミツバチとクローバー』羽海野カチ著、はどうだ。こちらも（間違って）大ヒット間違いなし？！

人の間違いを、不快感を与えずに笑いのネタにするのは難しい。図書館員が利用者の間違いを、ということになればなおさらだ。そこには深い思いやりと繊細な手つきが要求される。ときどきそこをうまくやっている例を見て感心するのだけれど、なかなかマネはできない。しかし『はちみつとえんらい』ぐらいポピュラーになってくると、これは何かネタにしておかないと失礼なような気がするのであった……（何に？）

# はちみつとえんらい

勘のいい読者はこのタイトルで「ああ、アレのことね」とお気づきと思う。そう、その通り、アレです。

ちょっと早とちりの、ほんのちょっと短気な読者は「ちょ、おれの間違い、こんなとこでさらしてんじゃねーよ！」とお怒りになるかも。いやいや、あなたのことではありません。もうこれは世間一般、あまねく繰り返された間違いで、決してあなた個人の間違いを笑おうという意図などはないのです。

「はちみつ？ 何のこと？」という、勘のよさが通常レベル（すみません…）の読者のために説明しておこう。恩田陸の小説に『蜜蜂と遠雷』（幻冬舎　2016）という作品がある。ピアノコンクールに臨む若者を描いた青春群像劇で、直木賞、本屋大賞ダブル受賞という大ヒット作だ。大ヒット作で映画化もされて知名度抜群、のはずなのに、なぜか『はちみつとえんらい』と間違えられてしまうことが多いのだ。「恩田陸の『はちみつとえんらい』ありますか？」「『はちみつとえんらい』まだ入ってないの？ 検索しても出てこないんだけど」という具合。カウンターで何度も聞かれ、そして同僚図書館員が間違えて

# ライブラリアンズ・メドレー

図書館に行くと家を出て　遠い夏のことだっけ

忌野清志郎

RCサクセション*『不思議』より

*RCサクセション＝宇宙ROCK史に燦然と輝く奇跡のバンド。THE KING OF LIVE。

# おれのサバイバル

本が読めない。てゆうか、読んでもあたまに入ってこなくなった。あのときから。

前は「ゾロリ」や「忍たま」を読んでたんだけど、最近はそれもあまり面白く感じなくなった。

もっと前は『キャベツくん』や『11ぴきのねこ』が好きだった。これはもともとかーちゃんが読んでくれてたやつだ。他にも『こんとあき』や『こねこのぴっち』もうちにあって、今でもときどき本棚から出して読んだりする。面白い絵本は何回読んでも面白い。それに、先がどうなってるか知っている本は、

「ゾロリ」＝「かいけつゾロリ」シリーズ　原ゆたか／作絵　ポプラ社　1987〜

「忍たま」＝「忍たま乱太郎」シリーズ　尼子騒兵衛／原作　田波靖男／文　亜細亜堂／絵　ポプラ社　1993〜

「11ぴきのねこ」シリーズ　馬場のぼる／著　こぐま社　1967〜

そんなにどきどきしないで読めるし、あたまにも入ってくる。どうなるかわからない本が苦手なのかもしれない。

でも3年生になっても絵本ばっかりってなあ、と思ってしまう。だから、本を読まなくちゃいけないとき、ほら「朝読」とかそういうやつ、そのときは図鑑を読んだりする。図鑑はどこから読んでもいいし、写真や絵も多いし、見ているだけでも面白いから好きだ。図鑑ではないけど『ざんねんないきもの事典』も好きだ。これは最初は図書館で借りたんだけど、ずーっと読んでいたいと思ったのでこづかいで買った。5冊出てるけど全部持っている。この本に出てくるいきものは「ざんねん」だけど可愛い。全部覚えてしまったけど、何度でも読める。

そう思うと「本は好きじゃない」というのとも違う気がするけど、どうも他の「本が好き」な人と話が食い違ってるような気がする。みんなが「好き」と言っている「本」と、おれの好きな「本」が別のものみたいに思える。

そんな話をとーちゃんにすると（とーちゃんは図書館で働いてる）「本が好きじゃなくてもだいじょうぶ」と言った。

『こんとあき』林明子／さく　福音館書店　1989

『こねこのぴっち』ハンス・フィッシャー／文・絵　石井桃子／訳　岩波書店　1954

「好きなものがひとつもない、って言われたら、ちょっとだけ心配するけど、ゆうはそうじゃないだろ。ポケモンとか、けん玉とか、いろいろあるじゃないか、好きなもの」

「うん、自転車で走るのも好きだよ」

「そう。だから心配することはないよ。でもな、ちょっと真面目な話、していいか？」

「マジメ？　いいよ」

「とーちゃんはゆうに幸せに生きてもらいたいと思ってる。幸せに生きられるなら本なんて読まなくてもいいさ。ただね、幸せに生きようとするときに役に立つ本がある、ってことは覚えておいてもいいかもしれないね」

「うん、覚えておく。とーちゃんは役に立つからたくさん本を読んでるの？」

「うーん、そう来るか……。ついに告白しなければならないときが来たようだ。実はな、とーちゃんは、役に立たない本が大好きなヘンタイなのだ」

「え〜、ヘンタイ？」

「そうなのだ、何の役にも立たない、存在価値の不明な本が大好きなのだ」

『ざんねんないきもの事典』シリーズ　今泉忠明／監修　下間文恵ほか／絵　高橋書店　２０１６〜

「へ～、なんで役に立たない本を読むの？」

「決まってるじゃないか、読むと面白いからだよ。面白い本を読むと人生が楽しくなる。幸せになる。ほら、役に立っただろ？　あ、しまった役に立ってしまった～！」

「とーちゃん、わかったよ」

こんな具合に、とーちゃんはちょっとバカみたいだけど、本はたくさん読んでる。本をたくさん読みすぎるとバカになるのかな。そんなことはないだろうな。かーちゃんだってたくさん読んでるけど、かーちゃんはバカじゃないもんな。ねーちゃんも本は好きだけど（たぶん）バカじゃない。そのへんはどうなんだろう。

「そりゃね、読み方なんだよ、たぶん。いくら本を読んでもとーちゃんみたいにバカはバカだし、本を読まなくても賢い人はたくさんいる。だからゆうがもし本を読まなくてもバカになるとは限らないぞ。まあ賢くなるとも限らないが」

「ふーん、そういうもんかな。でもさ、とーちゃんもかーちゃんもねーちゃんも読んでると、おれだけ読まないのもなんかつまんないんだよね」

「たしかに、それはそうかもしれないな。そうだ。昔『キャベツくん』好きだっただろ？　ああいうのはもう飽きちゃったのか？」

「飽きたってことはないよ。今でも読むと笑っちゃう。だけどおれ、3年生だし。絵本ってなあ」

「おいおい、絵本をなめたらいかんよ。とーちゃんはオトナだけど3日に1回は『ころころにゃーん』を読んでるんだ。そして3回に1回は泣く。かーちゃんには内緒だぞ」

「内緒もなにも、家族全員知ってるよ、とーちゃんが絵本読んで泣いてるのは」

「マ、マジか？　まあとにかく絵本はいい。どんどん読みなさい。3年生どころか30年生だって100年生だって絵本を読んでいいんだよ」

100年生って何だよ！　とにかくとーちゃんはいつもこんな感じだ。

「しかし面白いな。とーちゃんが今読んでる本がこれだ」

といって見せてくれたのが『本は読めないものだから心配するな』という本

『ころころにゃーん』長新太／著　福音館　2011

『本は読めないものだから心配するな』管啓次郎／著　左右社　2009

だった。

「本っていくら読んでも忘れちゃうし、本当に自分が〝読めてる〟のか、自分ではわからないよな、と思ってたときに、この本と出会ったんだよ。ゆうとーちゃん、ちょうど同時に同じような問題に直面してたんだな。さすが親子」

「何で〝読めないもの〟なの、本は？」

「1冊の本は、世界の大きな流れの中の、小さな欠片にすぎないからだよ。小さすぎて読めないんだ。むしろ読むべきは、その大きな流れなんだけど、それは大きすぎて読めないんだな。困ったもんだ」

「ふーん」

「こんなことが書いてあるよ。『一冊一冊の本が番号をふられて書棚におさまってゆくようすは、銀行の窓口に辛抱強く並ぶ顧客たちを思わせる。そうではなく、整列をくずし、本たちを街路に出し、そこでリズミカルに躍らせ、あるいは暴動を起こし、ついにはそのまま連れだって深い森や荒野の未踏の地帯へとむかわせなくてはならないのだ』だって。わかる？」

「本が躍るってこと？ わかんないな」

「とーちゃんもだ。とにかく本が読めなくたって心配することはない。でもね、ゆうは読めるようになる気がするよ。幸せに生きるために役に立つ本。そんな本と出会えるし、出会ったときにちゃんとわかる。そんなチカラをもってる」

「そうかな」

「そうさ」

本が読めなくなったきっかけはわかっている。あの大きな地震だ。強くて長い揺れだった。それまでに経験した地震とはまったく違った。怖かった。

地震からしばらくは家族4人で寝てた。少し経って、ねーちゃんが自分の部屋に戻るというので、おれも自分の部屋で寝ることにした。そうしたら眠れなくなっていた。眠れないので、部屋の灯りをつけて、本を読むことにした。でも全然読めない。何が書いてあるのかわからない。同じ行をずーっと見ている感じだ。おれはあきらめて寝ようと思って灯りを消した。そうするとまた目が冴えて眠れない。地震の揺れを思い出した。おれはまた灯りをつけて、今度はポケモンカードを出して眺めた。そうしているうちに眠っていた。

それからは灯りをつけたまま寝るようになった。消すと地震のことを思い出して眠れなくなってしまうから。かーちゃんはすぐに気づいたみたいだった。

「まだ起きてたの？　明日も学校じゃない。眠れないの？」

「眠れなくないよ。明るい方が落ち着いて眠れるんだよ」

「そう？　暗くした方が身体が休まると思うけど……。もし眠れなかったら、かーちゃんのところに来てもいいんだからね」

「うん、だいじょうぶだよ」

「そう。じゃあおやすみ」

「おやすみ」

おれは「地震のことを思い出して怖い」なんて言いたくなかった。


その本を見つけたのは学校の図書館だ。クラスで図書館に行って、朝読で読む本を探していたときだった。おれは料理本のコーナーに行った。料理の本も図鑑みたいに見てるだけで面白いから好きだ。料理自体も、とーちゃんやかーちゃんの手伝いをすることもあるし、嫌いじゃない。

『サバイバルクッキング*』というタイトルが目に入った。？？？「サバイバル」と「料理」はおれの中で結びつかなかった。「サバイバル」はあの人気シリーズもあるけど、「生き残る」みたいな意味だと思う。「料理」はもっとなんて言うか楽しくて美味しくて、そうだ、人を幸せにするようなものなんじゃないか。

気になって、とにかく手に取ってみた。表紙には料理の写真の他に、ペットボトルやポリタンクで（たぶん）水を運んでいる人の絵が描かれてる。厚着してマフラーもしているから季節は冬だ。おにぎりをにぎってたくさん並べている絵もある。

本を開くとわかった。この本を書いた人も大きな地震に遭ったんだ。それもすごく大きな地震、おれが生まれる前の。この本は読めるような気がする。そう思っておれはこの本を借りることにした。

料理の作り方の前の「はじめに」というところに、この人が地震ですごい

*『サバイバルクッキング』坂本廣子／著　まつもときなこ／絵　偕成社　1996

被害に遭ったことが書いてある。そして「食べることは生きること」だと言っている。おれは「食べる」ことは当たり前だと思っていた。食べられないってことが今まで一度もなかったから。地震のときだって、かーちゃんやとーちゃんが食べものを用意してくれた。でももし、もっと地震がひどくて、食べものがなかったら。「食べることは生きること」つまり「食べないと生きられない」ということだ。

おれは怖くなった。でもこの人は、そんなときも元気に生き続けるために料理を作ったという。すごいな、と思う。

料理は簡単で、おれでも何とか作れそうに書いてある。「あるもの」の料理の仕方、水やガスや電気が止まったらどうするか、「元気でいるため」の食べ方。災害に遭ったら、こんなふうに料理して、こんなふうに食べていくんだな。

これはいい本だ。とーちゃんが言っていた「幸せに生きるために役に立つ本」ってこういう本のことなのかもしれない。おれはどんどん読んでいった。

「ちょっと本屋さんに行ってくるけど、ゆうもいっしょに行くか？」

とーちゃんが言った。日曜日の午後、かーちゃんは仕事で、ねーちゃんは友達と遊びに行っていて、家にはおれととーちゃんふたりだった。おれは行くことにした。新しいポケモンカードが出ているか気になっていたところだったのだ。

本屋に着いてみると、やはり出ていた。新しい強化拡張パックだ！　ああ、これは欲しい。でももう今月のこづかいは使っちゃったし……。

「決まったか？　そろそろ帰るよ」

「うん、もう帰ろう」

「なんだ、何も買わないのか？」

「今日はいい」

「ふむ。欲しいものをガマンするのもときには大切かもしれない。しかしな、欲しいものを手に入れる手段を考えるのも大事だぞ」

「どういうこと？」

「欲しいものを買うお金を持っていないとき、持っている人に『それを買うとその人にとってどれだけいいことがあるか』説明するんだな。で、買ってもらう、と」

「持っている人って、とーちゃんのこと？」

「今日の場合はそうだな。新しい強化拡張パックを買うととーちゃんにとってどれだけいいことがあるか、説明できるか？」

なんだ、おれが欲しいもののこと、知ってたんだな。おれは考えてみた。強化拡張パックがあると、とーちゃんにとっていいことがあるか。何も思いつかない。黙っていると、さらにとーちゃんは言った。

「または、働いて、その報酬で買う」

「働くって言っても、何をやればいいのかな……」

「そうだな、例えばとーちゃんの料理当番を1週間手伝うとか」

それだったらできる。てゆうかけっこう楽しいんだよな。

「やる、いや、やります！　働かせてください」

「契約成立だな。じゃあ買っておいで」

本屋からの帰り道、クルマの中でとーちゃんは言った。

「さあ、もう仕事は始まってるぞ。まずはメニューを決めないとな。何がいいかな」

「チキン南蛮！」

「それは昨日食べたな」

「じゃカレー！」

「それは一昨日だ」

「おれ、毎日カレーでもいいんだけど。チキン南蛮か」

「とーちゃんもだ。しかしな、かーちゃんとねーちゃんはどう思うかな」

「怒るね、たぶん」

「たぶんな。まあ必ずしも怒られるからダメということではないんだけど、料理当番ってのは、自分の食べたいものを作ればいいってもんでもないんだ。みんなが喜んで、または納得して食べられるものを用意する。それが報酬に値する仕事ってわけだ」

「喜んで、または納得して、か。どうしようかな……、あ！」

「何か思いついたか？」

おれはあの本のことを思い出した。あの本を見て料理すればいいんじゃないか。

「うん、なんとかなりそう。家に帰ろう」

「材料はどうする？ 要るものがあれば買っていこう」

「いいよ、家にあるもので作ろうよ」

「そうか。楽しみだな」


おれは家に着くとすぐに本を取りだした。『サバイバルクッキング』の第一章は「あるものをどう食べるか」だ。食料を買いにいけなくなった、売っていないとき、まずはあるものを無駄なく食べる。それがサバイバルの第一歩みたいだ。冷蔵庫にある、傷みやすいものから使おうかな、と思っているととーちゃんがやってきた。

「お、この本を読んで料理を作ろうってことだな、どれどれ」と本を読みだした。

冷蔵庫には豚肉があった。本には、生肉はくさりやすいけどつけこんでおくと少しはもつ、と書いてある。よし、この豚肉で「つけこみ肉」を作ろう。しょうゆとみりんは同じ量でいいんだな。これは食料品棚にあった。ポリ袋は引き出しに置いてあったな。調味料を混ぜた袋に豚肉を入れて揉んだ。空気を抜いて袋の口をしばる。空気を入れないのが腐りにくくする秘訣なんだろうな、となんとなくわかった。さて、次は……。

「この本、いいな。とーちゃん知らなかったよ。学校図書館で借りてきたのか」

「そうだよ。とーちゃんも読むといいよ」

「そうだな。かーちゃんとねーちゃんも読むといいな」

「うん。料理が上手にできたらふたりにも読んでもらえるかもしれないね」

「よし、じゃあこっちもふたりでがんばろう」

冷蔵庫の野菜室には、ネギとキャベツとニンジンがあった。ジャガイモとタマネギはいつも置いてある。これで何か作ろう。本の「野菜の保存法」のところに「ハムのスープ煮」という料理がのっている。これなら「あるもの」で作れそうだ。ハムは……、ハムもあった！　塩とコショウは調味料入れにあるし。あとはベイリーフ？「あれば、ベイリーフを1まい」と書いてある。

ベイリーフって、あのポケモンか？　まさか。あ、ポケモンの名前がここから来てたのか。

「とーちゃん、ベイリーフって何？　家にある？」

「ベイリーフってのは料理の香りづけに使う葉っぱの一種だ。今はなかったな。粉末のローレルがあるから、それで代用しよう。サバイバルのためにはいろんなものを代用するのが大事だぞ」

それから、おれはニンジンの皮をピーラーで剥いて、タマネギの皮を包丁と手で剥いて、どっちも大きめに切って、大きい鍋に入れた。タマネギを切るとき、ちょっと涙が出た。とーちゃんはジャガイモを剥いてくれた。水をカップで、塩とバターを計量スプーンで量って、コショーと粉末ローレルを少し入れて弱火にかけた。野菜が柔らかくなったらハムを入れて完成だ。

さっきのつけこみ肉は、ネギとキャベツといっしょに炒めることにした。これで2品。

「ごはんは食べたいよな」ととーちゃん。

「しかし、もし電気が止まったらどうする？」

「あ、『厚手のなべでたくごはん』だね」

『サバイバルクッキング』には、電気が止まったとき、カセットコンロがあったら役に立つと書いてあった。

あの地震のとき、停電があった。懐中電灯もローソクもあったし、1日で復旧したので、そんなに影響はなかったと思うけど、一晩は真っ暗な中で寝たんだった。それまでも寝るときは灯りを消してたけど、そういう暗さとは違う。本当の暗闇は怖い、と思った。

今、電気が止まったら……。おれは考えるのをやめて、ごはんを炊く支度に取りかかった。

米は4カップにした。ボウルに入れてといだけど、何度かすすいでも水が白くなるので驚いた。ごはんって水がたくさんないと炊けないんだな。水道が止まったら困る。でも今日はだいじょうぶだ。ペットボトルもたくさん準備してある。

「そう、備えをしておくこと、非常事態を想定しておくことは大事だけど、心配しすぎても健康によくない。難しいよな。今日のところだいじょうぶなら、それを受け入れて楽しもうじゃないか」

とーちゃんも難しいと思うんだな。おれだけじゃない。少し気が楽になった。

ごはんを炊くのには、だいたい1時間20分ぐらいかかる。かーちゃんは炊き立てのごはんが好きだから、かーちゃんが帰る時間に合わせて炊き始めよう。5時に米を水につければいいかな。

もう1品ぐらい作りたいな、と思って本を見ていく。本の第三章は「元気なからだでいるために」。地震のときのような生活が長引くと、栄養のバランスが崩れる。それを防ぐために、いろんな栄養を補う料理が書いてある。おれは「あ！」と思った。この「きくらげのからしあえ」を作ろう。酢もからしも胡麻油もある。砂糖としょうゆももちろんある。きくらげは……、これも乾物入れにあった！

「ただいま～。あ～、お腹すいた！」

かーちゃんとねーちゃんが同時に帰ってきた。

「ごはん、すぐできるからちょっと待っててね」とおれは言った。ちょっとかーちゃんのマネみたいだったかな。フライパンを火にかけてキャベツとネギを炒めはじめる。

「あれ、今日はゆうが作ってくれてるの？」とかーちゃん。

「そうさ、メニューもゆうが考えたんだぞ」ととーちゃん。

「ははあ、何か買ってもらったんでしょ。父さん、ゆうに甘いんだから」これはねーちゃん。

「時に甘く、時に厳しく」おれは言ってやった。

「なーに言ってんだか」とねーちゃん。

キャベツはもうだいじょうぶみたいだ。大皿に取り出した。フライパンにもう一度胡麻油を入れて、つけこみ肉を炒める。

テーブルにはごはんの鍋と、きくらげのからしあえがもう置いてある。茶碗と箸と皿はとーちゃんがセットしてくれた。ハムのスープ煮ももう温まっている。

肉はだいぶ色が変わってきた。もう火は通ったかな。ふと振り返ると、そこに立っていたとーちゃんが「もうだいじょうぶ」と言った。おれは大皿のキャベツとネギをフライパンに戻した。

「へ〜、けっこう本格的ね。いいにおい」とねーちゃん。

「うん、本に書いてある通りにやってみたんだ」おれは正直に言った。

「何々？　今日はゆうシェフの料理！　いいわね」部屋着に着替えたかーちゃんもやってきた。

おれはキャベツをひと切れ食べてみた。いいかも！　大皿に盛って出来上がりだ。

とーちゃんがみんなの分のハムのスープ煮をスープ皿に注いで配ってくれた。

みんなそろった。家族も、料理も。

「この鍋は何？」

ふたをしたままの鍋を見てかーちゃんが言った。

「開けていいよ」とおれ。

かーちゃんがふたを開けると湯気が立ち上った。

「うわ〜、炊き立て、つやつやだ〜」

「さあ、じゃ食べよう。いただきます」

「いただきま〜す」

「うん、美味しい。野菜の甘みが出た、優しいスープだ」

「キャベツもシャキシャキしてていいね」

「鍋で炊いたごはん、ふっくらしてて美味しいね」

「私よりセンスいいかも」

みんな喜んで食べてくれた。おれも美味しいと思った。まあそれは本のおかげなんだけど。

「かーちゃん、きくらげも食べてよ」

「ありがとう、きくらげ大好きなんだよね。うんうん、胡麻油がいい仕事してる。美味しいよ」

「味もいいんだけど、きくらげは、な、ゆう？」ととーちゃん。

「ふーん、何かあるの？ きくらげ」とねーちゃん。

「きくらげはさ、鉄分がたくさん入ってるんだよ。だから」

かーちゃんが、最近疲れやすいのは鉄分が足りないからだ、ってこの間言ってた。だから本に「鉄分を補うために」と書いてあったこの料理を作ろうと思ったんだ。

「でもさ、本に〈もどして120グラム〉って書いてあるんだけど、どれぐらいやったらいいのかわからなくて、ひと袋、全部お湯をかけちゃったんだよ。だからものすごくたくさんある」

「ははは、じゃあみんな遠慮なく食べられるね」といってかーちゃんが笑った。みんなも笑った。笑い声の中でも、かーちゃんの小さい「ありがとう」はちゃんと聞こえた。

みんなが食べ終える頃、とーちゃんが言った。

「ゆう。みんなに本の話をしてあげたらどうかな」

おれはテーブルを離れて、本を持ってきた。

「今日作った料理はみんなこの『サバイバルクッキング』に書いてあるんだよ。これ、大きい地震に遭った人が書いてるんだけど、すごくいい本だから、みんな読んでみるといいよ。どんなときでも、しっかり食べて元気に生きよう、って本だ」

ねーちゃんがおれの手から本を受け取った。

「ふーん。読んでみる」

「それ、我が家にも1冊あっていいかもな。ちょっと古い本だけど今でも買えるみたいだから、本屋さんに注文してこよう」ととーちゃん。

かーちゃんは何も言わずおれを見ていた。

夜、ふとんの中でポケモンカードを見ていると、かーちゃんが部屋に入ってきた。

「まだ起きてた？　今いいかな？」

「うん。何？」かーちゃんもおれのとなりに寝転んだ。

「今日はいろいろ嬉しかったよ。美味しい料理を作ってくれたこと。かーちゃんの身体を気づかってくれたこと。いい本をみんなに紹介してくれたこと。中でも嬉しかったのは、ゆうが〈元気に生きよう〉って言ってくれたことかな」

「それは本に書いてあったんだよ」

「そうだね。でもそれをゆうに言ってもらえたのが嬉しかったんだよ。地震のとき、かーちゃんもとーちゃんも仕事とか他にもいろいろあって、ゆうやお姉ちゃんと、ずっとはいっしょにいられなかったでしょう。心細い思いをさせちゃったよな、と悔しく感じてたの。だからゆうが元気でいてくれると嬉しいのよ。ああ、ちゃんと乗り越えてくれたんだな、って」

「そう？　とにかくおれはだいじょうぶだから、かーちゃんが心配することはないよ」

「わかった。ありがとう。ゆうが強く育ってくれたのは嬉しいけど、甘えたいときは甘えればいいんだからね」

「そう？　じゃ次に強化拡張パック出たらかーちゃんに買ってもらおうかな」

「そういうことじゃないよ！」

「あはは、わかってるって」

「そうね、ゆうはわかってる。じゃあかーちゃん、そろそろ寝るね。ゆうは？」

「おれも寝る、おやすみ」

「おやすみ」

部屋を出るかーちゃんにおれは言った。

「灯り消してくれる？」

「だいじょうぶ？　眠れる？」

「だいじょうぶだよ。おやすみ」

「おやすみ」

かーちゃんは行って、部屋は暗くなった。でもこれは本当の暗闇じゃない。本当の暗闇なんて本当はない。おれは何だかそんな気がして、今日はすぐ眠れるんじゃないかと思った。

# 本の生態系のために図書館ができること

## 1　絵本が我が家にやってきた

絵本が我が家にやってきた。天使が我が家にやってきた約半年後のことだ。

「ただいま。てんちゃん、ただいま〜。健診どうだった?」

「おかえり。はい、おかえり〜って。健診ね、順調。いろいろ他の人のお話も聞けてよかったよ。でさ、絵本もらっちゃった。それ」

テーブルの上にそれは置いてあった。黄色と緑色の表紙が鮮やかな絵本だ。

「『もこもこもこ』？へえ」

「ブックスタートっていって、みんなに絵本をくれるんだって。図書館の人が来てたんだよ。読んでもらったら喜んじゃって。それでさ、その本、なんか面白いんだよ。ごはん食べたらみんなで読んでみない？」

子どもが生まれて、いろんな人にお祝いに絵本をいただいた。みんなそれぞれ好きな絵本を選んで贈ってくれたんだな、と思うと嬉しくなった。久しぶりに手にした絵本はどれもきれいで、内容も面白い。そして何より、子どもがしっかり見て、聞いてくれるのがすごい、と思った。ちゃんと、子どもが喜ぶように作られているんだな、と。

絵本はけっこうたくさんいただいたので、まだ自分たちで選んだり、買ったりしたことがない。ぼく自身が、そして妻も、絵本にさほど強い思い入れがなかったということもあるし、バタバタして書店に行く余裕がなかったということもある。

絵本だけでなく、本を買うこと自体、かなり少なくなった。よく立ち寄っていた近所の書店が閉店して、最寄り書店が遠くなったので、必要と感じた本はネットで買うようになった。そうなると「必要」と感じる機会が少なくなり、いよいよ買わなくなる。絵本についても、そうなるのだろうか。

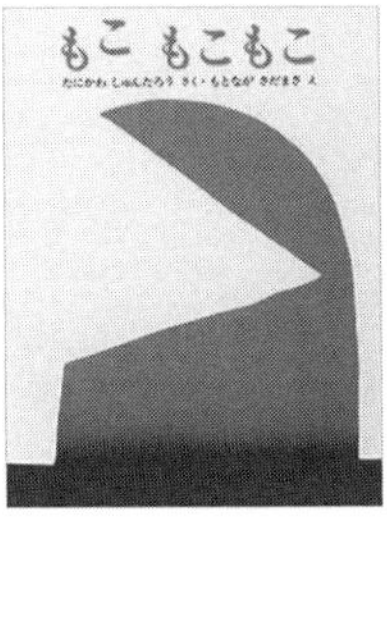

『もこもこもこ』谷川俊太郎／作　元永定正／絵　文研出版　1977

では、と『もこもこもこ』を読んでみる。これは、何と言うか、うん、今までに読んだことがない本だ。「意味」がわからない。わからないけど、なんだか面白い。

「声に出して読むとさらに面白いよ」と妻。読んでみる。

「しーん　もこ　もこもこ……」

いち早く反応したのは娘だ。笑っている。気に入っているんだな。

「絵を見せながら読んで」

妻に抱っこされた娘に向かって本を広げ、声に出して読んだ。やっぱり笑っている。これまでの絵本にも反応してたけど、これはまた特別反応がいい。いい絵本に出会ったな、と思った。

娘が眠ってから、ふたりで読んでみた。声に出して。楽しくなってくる。これはいいな。妻が笑う。「はまったね」と。うん、はまった。

「他にもこんな絵本、あるのかな？　今度本屋さんに行ってみようか」

「本屋さんもいいけど、図書館に行ってみない？　今日、利用案内もらったし。図書館の人、まず図書館で借りて読んでみて、赤ちゃんが気に入ったものを買うのもいいですよ、って言ってたよ」

それは合理的だ。しかし図書館って行ったことなかったな。それに……。

「図書館ってさ、静かにしなきゃいけないんじゃないの？　だいじょうぶかな」

「うん、それ気になって聞いてみたんだけどさ、土日はざわざわしてるから気を遣う必要もないし、平日もお客さんけっこう寛容だからだいじょうぶだって。もし心配だったら水曜日午前が『赤ちゃんタイム』になってるからそのときにどうぞ、ってさ」

「『赤ちゃんタイム』って？」

「その時間はちょっと賑やかになるけど優しく見守ってね、って時間なんだって。館内放送とか入れてお知らせするらしいよ」

「そうか。そんなことやってるんだね」

「ウェルカム感あったよ」

そんな話をして、次の休みに3人で図書館に行くことにした。

週末の午前、こども室（というらしい）は確かに賑わっていて、これは「お静かに」って場所ではない。

「こんにちは。てんちゃん、さっそく来てくれたんだね。ありがとう」と図書館の人。

「こんにちは。先日はありがとうございました。3人ともあの絵本が気に入っちゃって」

「3人とも？ それは嬉しいですねえ。じゃあ今日のおはなし会、『もこもこ』入れちゃおうかな。みなさんで聞いてってくれます？」

「大人も、あ、私もいいんですか？」

「もちろん！ 大歓迎です。お父さんやおじいちゃんもけっこういらっしゃいますよ」

「そうなんだ。ではおじゃまします」

「ありがとうございます。ではまた後でね」

おはなしの部屋（というらしい）は狭い入口から入っていく洞窟みたいな空間で、中にいると安心するような、わくわくするような、不思議な感覚を味わえる。そしてお父さん、おじいちゃんらしき男性も何人かいた。

おはなし会は、わらべ歌や手遊びも交えた、一緒に楽しめるものだった。

そして『もこもこもこ』。図書館の人はやはり読むのが上手で、みんな引き込まれていた。もちろん我が家の3人も。

会が終わって、図書館の人に話しかけてみた。会がとても楽しかったこと、大人も絵本を楽しめることに気づいたことなどを伝えた。

「それはこちらも嬉しいですね。大人になると、絵本の魅力に触れる機会がぐっと少なくなりますからね。大人向けの絵本は一般のコーナーにもあって、そちらは子どもには少し難しいかもしれないけれど、こども室の絵本はどれも子どもも大人も読めるものです。このあたりが乳幼児向け、0歳児から楽しめるものもありますよ」

「あの、『もこもこ』みたいな絵本って、他にもあるんですか？」

「かなりお気に入りですね。ではこういうのはどうでしょうね」

彼女が手渡してくれたのは『にゅるぺろりん』という絵本だった。これは『もこもこもこ』と同じ谷川俊太郎さんの本だ。長新太さんの絵のインパクトもすごい。そしてもう1冊「これはちょっと大人向けかな」と言いながら同じコンビの『えをかく』も。さらに『もこもこもこ』と同じコンビの『ココロのヒカ

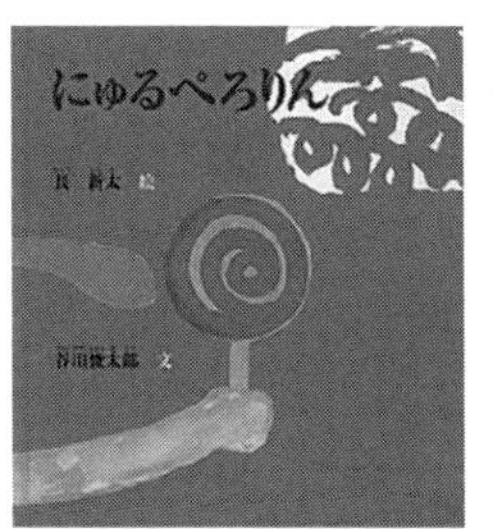


『にゅるぺろりん』谷川俊太郎／文　長新太／絵　クレヨンハウス　2003

リ』も。

「読んでみて気に入ったら借りていってください。それからお聞きになりたいことがあったら、何でも聞いてくださいね」と言って彼女は去っていった。

ぼくたちは小さな丸いテーブルで、渡された絵本を読んだ。どれもよかったけれど、特に「来た」のは『えをかく』だった。これは「意味」がわかる本だ。「まずはじめに　じめんをかく」と始まって、いろいろなものをかく。とにかくいろんなものをかいていく。てんちゃんがこれからかいていくものを想像して、何とも言えない気持ちになる。ぼくもいろんなものをかいてきた。妻も。誰だって。そして最初は「まずはじめに　じめんを」かいたのだ。これからも「まずはじめに　じめんを」かいていけばいいのだ。

その絵本は全部借りていくことにした。それから他の、大人向けの本や、クルマや料理やインテリアの雑誌も。何と言っても、今やぼくたちには3枚の図書館カードがあるのだった。

「図書館、よかったね」と帰りのクルマで妻が言った。

「よかった。また来ようよ。人がいるのがいいんだね。あの司書さんみたいな」

『えをかく』谷川俊太郎／作　長新太／絵　講談社　2003

『ココロのヒカリ』谷川俊太郎／文　元永定正／絵　文研出版　2010

「そうだね。いい人だった。てんちゃんのお気に入りがわかったら、今度は本屋さんにも行こうか。きっと本屋さんにもああいういい人がいるんじゃないかな」

「そうだ。そうしよう。まずは帰って借りた絵本を読もう」

ぼくたちにはかくべきたくさんの絵があった。まずはじめに、じめんをかくのだ。

## 2　危険で汚い世界の中で

久しぶりに飲もう、ということになって、友人の職場である図書館で待ち合わせた。彼の仕事が終わるまで本でも読もう、と館内を歩いてみる。夕方、閉館まで1時間ほどの時刻。雑誌や新聞を読む人。勉強しにきているのかおしゃべりしにきているのかわからない高校生。マンガを食い入るように読みふける子どもたち。ソファーで居眠りするスーツ姿の男性。穏やかで平和な図書館の光景だ。

さて、何を読もう、と棚を見ていると、目に飛び込んできたのはあまり嬉しくない、胸が苦しくなるような言葉の並びだった。ここのところ書店でよく見かける、攻撃的な、憎しみに充ちた、それでいて空疎な言葉。さっきまで穏やかで平和だと思っていた図書館が、別の場所に変わっていくように感じられた。

「お待たせ。さあ行こうか」友人がやってきて言った。

「こういう本も図書館にあるんだな」

私はその本の背に指を乗せた。彼はたじろいだけれども、気を取り直したように答えた。

「あるね。そしてこういう本もある」と別の本の背に指を乗せた。なるほど私が指した本とは違う性格のものだ。

「多様な観点*、ってやつだな」と私は以前彼に聞いた「図書館の自由に関する宣言」を思い出しながら言った。

「しかしね、そっちの観点は人を傷つけないが、こっちの観点は人を傷つける。同列に扱っていいものなのか？」

＊多様な観点＝日本図書館協会の「図書館の自由に関する宣言」に「多様な、対立する意見のある問題については、それぞれの観点に立つ資料を幅広く収集する」とある。

「では。これは個人の見解であって所属組織を代表するものではありません、と一応前置きをして。どっちの観点も人を傷つける可能性はある。もっと言えば、人を傷つける可能性を持たない言葉はないし、あったとしてもそんな言葉に意味はない。言葉でできている本はすべて、人を傷つける可能性を持っていると思うよ」

「御説ごもっとも。では傷ついてもガマンしろ、と？」

「ガマンしろとは言わない。傷ついた、と言えばいい」

「誰に？　図書館の人に？」

「図書館の人に言っても、その本はなくならないだろうね」

「だったら図書館は人を傷つける可能性をたくさん持った場所、ということになる」

「それはそうだ。考えてみればすごい場所だからな。一見穏やかで平和だけれど。ただ、図書館は世界の反映であったりもする。世界が危険で汚い場所だったとしたら、図書館だけそうじゃないというわけにはいかない。無菌室でも本好きのサンクチュアリでもないから」

「危険で汚い図書館か……」

「そういう部分もあるってことさ。そしてその危険や汚さをなくそう、減らそう、という使い方もある。図書館にも、本にも」

「それはどういう？」

「まあ簡単に言うと、読んで批判するってことかな。タイトルと著者名でなんとなく内容もわかった気になりそうだけど、批判するんだったらしっかり読んだほうがいい。建設的な批判をすることで、その問題に光を当て、危険や汚さをなくす、減らすことができる……可能性がある。問題を提起すること自体はそう難しいことではないし、その批判が例えば本になって書店に、そして図書館に置かれれば、議論を広いところに連れ出すことができるし、記録にも残る」

「それは認める。しかし長い道のりだ。そうなって危険や汚さがなくなるまで、ガマンし続けろということか」

「ガマンし続けろ、とは言わない。実際に危険や汚さがある以上、そうやって対処していくしかない、ということだよ」

「言い分は聞いた。君を責めても仕方ないからな。でもその批判だの議論だののために傷つく人間がいるってことも忘れないでほしいな」

「うん。最近、図書館について書かれた文章でこんなのを読んだんだ。〈ヘイト本〉の氾濫について『出版物の内容を判断するのは利用者』『図書館（員）がその是非を判断するべきではない』という原則論を述べたうえで『マイノリティが図書館の開架から心理的圧力を受ける状況が望ましいものだとも、原則論だけを唱えていれば解決する問題とも思われない。現状では図書館員として取り組めることは限られているが、それ故に図書館の外部でレイシャルハラスメントやヘイトスピーチに反対する市民的責務があることを確認しておきたい』と書いていた。* 重いな、と思ったよ」

「考えている人はいるんだな。ではその〈市民的責務〉について聞こうじゃないか」

「ああ。しかしそろそろ場所を変えようか。近所に旨い泡盛の古酒と生マッコリを飲める店がある」

「そういう情報だけは詳しいな、相変わらず」

＊「〝公共〟図書館の行方」新出『現代思想』２０１８年12月号

「だけ、ってことはないだろう。まあとにかく飲もう。アルコールの入った飲み物がすべて、肝臓を傷つける可能性があるかどうかはちょっとわからないけどな」

私たちは図書館を出た。危険で汚い世界の中にも、美しいものがあることを確認するために。

## 3　いきいきサロン

いきいきサロンに着くと「今日は図書館の人が来るよ」と言われた。

いきいきサロンというのは私ぐらいの、まあまあ元気な年寄りが月に2回、お寺に集まっておしゃべりをしたり食事をしたりする会だ。ゲームをしたり、歌を歌ったりもする。しかし図書館の人が来たことはなかった。

「何しに来るの?」

「何か、面白いことをやってくれるらしいよ」

テーブルを並べて、おしゃべりをしながら待っていると、やがてその人たちがやってきた。図書館の人が男女ひとりずつと、ボランティアの女性がふたり。自己紹介を終えると「今日はみなさんとゲームをしたり歌ったり、それから昔のお話なんかを聞かせていただけたらな、と思います」と言う。ゲームや歌はわかるけど、私たちの話を聞くってどういうことだろう。

最初に始まったのは紙芝居。『金色夜叉*』だ。熱海の海岸で「今月今夜のこの月を……」という、あれ。話は知っているけど、図書館の人がなかなか熱演で面白い。みんなもそう思ったようで、終わると拍手が起こった。

次のゲームは、食材をひとつずつ出していって何の料理ができるかを当てる、というもの。第1問の最初のヒント「砂糖」で、トシさんがいきなり「おしるこ！」と答えた。ふだんはのんびりしているトシさんが、急に大きな声を出したのでみんな笑った。はたして「おしるこ」は正解で、これまた拍手。ヒントは「小豆」「もち」と続くものだった。

そんなクイズが何問かあった後で、次は「手遊び」。年が明けたところなので、餅つきの手遊び。歌に合わせて、杵で餅をつくように手を叩くとなぜだか楽しくなってくる。

『金色夜叉』尾崎紅葉／原作　遠山昭雄／監修　サワジロウ／脚本・絵　雲母書房　2012

「餅つきってされましたか？」

「最近はしてないねえ。昔はみんな集まってやったもんだけど」

「どんな方が集まったんです？」

「そりゃ親戚一同と、近所の人も来たもんだよ」

「つく前の、蒸したもち米をちょっと塩をつけて食べると美味しいんだ。それで最初の方はみんな一口ずつ食べるもんだから餅が小さくなってねえ」

「百回ぐらいはつけと言われたなあ」

「百回もついたらつき過ぎだわ。餅じゃなくなっちゃうに」

「そうかん？　うちは百回はついたけどなあ」

みんな口々に餅つきの思い出を話し出す。

餅の話が一段落すると、今度はちょっと小さめの火鉢が出てきた。

「これ、みなさん使われましたかね」と図書館の人。

「こういうのはお客用だったねえ。いつもはもっと大きい火鉢にみんなであたるけど、お正月なんかで人が集まるとこういう小さい火鉢をたくさん出してきて、それぞれあたるだよ」

「え、たくさんあったんですか？」

「そうだよ。嫁入りのときに持ってくることになっとったから、だんだん増えるだな」

「へえ、嫁入り道具ですか」

「それで餅を焼いたりしたなあ」

「これはいい火鉢だわ。どこから持ってきたの？」

「図書館に寄付してもらったんですよ」

「へえ、図書館に火鉢あるの？　本みたいに？」

「はい、あるんです。まあ今のところ貸出はしてないんですけどね、本と違って」

「そりゃ貸したほうがいいな」

「そんなの借りる人おるか？」

「どうでしょうねえ」

次に取り出したのが「あられ煎り」。昔はどこの家でもあったものだけど、最近は見かけなくなった。

「ああ、これに餅の、小さいぼろぼろしたのを入れてね、その火鉢であぶって……」

「今で言うお菓子みたいなもんだ」

「昔は何でも作ったねえ、売ってなかったもん」

「味付けはどんなんだったんですか？」

「塩！」と大きな声で言ったのがシオさんだったので、みんな笑った。

「砂糖を入れてもうまいよ」

「里芋をすって入れたりもしたね」

「そうするとよく膨らむもんで」

「よく姉さんが作ってくれたなあ」シオさんは目をつぶって言った。みんな少し静かになった。

「本も持ってきましたよ。図書館ですから」と言って図書館の人が広げたのは『○○の昭和』という本だ。○○というのはこの町の名前。町の昔の様子がよく伝わる写真集だった。懐かしい街並みや風景の写真にみんなも嬉しそうだ。

「私が行った小学校だ。昔は大きい建物だと思っとったけど、こんなに小さかったかねえ、木造で」

「このデパートの屋上は遊園地になっとって、子どもが小さいときはよく連れてったよ」

「いろいろ変わったけど、山の形は変わらんな」

商店街の写真でカンさんが声を上げる。

「これ、私の家。○×書店」

「カンさんところ、本屋さんだったの。どおりで今でも本好きだもんね」

「うん。でも戦争で焼けちゃっただよ」

沈黙。

「楽しかったな。隣の洋品店のおばさんが優しくしてくれたり、喫茶店のおじさんがしょっちゅう遊びにきてたり。でもこんな写真があるなんて知らなかったよ。嬉しいなあ。他の写真も見たいし、この本欲しいわ」

「これは図書館の本なので差し上げられませんけど、お貸しすることはできますよ。それから、もしずっとお手元に置きたいようでしたら本屋さんで買うこともできます」

「売っとるなら買いたいわ。どこの本屋さんにあるかねえ」

「ご希望の本屋さんがあれば図書館から注文しておくこともできますよ。[*] 受け取りはその本屋さんに行ってもらわないといけませんが」

「本当？ じゃあそうしてもらう。駅前の ×○書店さんにお願いしようかな」

「ではこの用紙に記入してもらって、用意できたら ×○書店さんからお電話がいきますからね」

カンさんは満足そうに笑った。

最後に『上を向いて歩こう』をみんなで歌って、図書館の人たちは帰っていった。

「あの人たち、何しに来たんだっけ？」

「元気をはいたつに来たとか言ってたよ」

「元気？ 元気になったかん？」

「どうかねえ、なったかもねえ」

図書館か、と私は思った。息子たちが最近図書館に通いだしたと言っていた。

＊愛知県の田原市図書館では「書店注文制度」として、図書館利用者からの本の注文を、田原市書籍商組合を通じて市内書店に届ける事業を行っている。

私も一度行ってみようか。

## 4　本の生態系

「本の生態系」を想像する。著者がいて編集者がいて、出版流通各者がいて、読者がいて、その読者が著者に還流する。そんな「本」が生きている、生きていく生態系だ。時間をかけて生成された複雑な生態系は、環境の変化に柔軟に対応して生き残る。今起きている、起こりつつある変化に、本はどう対応していくだろう。

その生態系の中で、出版社も、様々な形の小売業も、図書館もそれぞれの役割を果たしている。図書館の役割は産み落とされた本を読者に届けること。そして読者層を広げることだ。ここではどんなふうにそれがなされているのか、そしてそこにどんな困難が伴うのか、物語形式で考えてみた。フィクションであって、現実の図書館であったことではないけれど、どこで起こっても不思議な話ではない、と思う。

さらに、図書館の強みは読者（図書館利用者）と直に接することができるというところでもある。その強みを活かして、読者の反応を本の生態系全体にフィードバックすることもできるのではないか。

著者と読者をフィジカルにつなぐ、講演会などの取り組みには歴史があるし、書店や出版社との協働の例も多い。「果実」としての「本」を届けるだけでなく、その「根」に水や栄養を供給する活動を図書館ができたなら、本の生態系はいっそう豊かさを増すに違いない。そんなことを考えながら図書館の現場で次なる企みを巡らす図書館員は、けっこうたくさんいるかもしれない。

# ドカドカうるさいR&R（ロックンロール）図書館

本日の遠征先は基地から小一時間。移動中は気楽に行こうぜ、とラジオをつけると、ちょうどDJが曲紹介をしていた。

「ではここで、ちょっと懐かしいナンバー、RCサクセションで『ドカドカうるさいR&Rバンド』！」

車内が、うぉー！っと盛り上がる。運転手のBさんも、司書Mも好きな曲だという。もちろんおれもだ。口ずさむというよりはシャウトに近いレベルで、いやこれはシャウトだよな、３人は歌い上げた。

この曲は「子どもだまし」のロックンロールバンドのツアーの様子を歌ったもの。おれたちの移動図書館車も小学校を回って子どもたちに本を届けてるから、何か似たようなことをしているみたいに思えて嬉しくなった。

「これ、おれたちのテーマソングだよな」

「そうそう、決まりだな」

Ｂさんはハンドルをスネアに見立てて、トコトンッ、と指で叩いた。おいおい、ノリノリはいいけど、バスドラ全開だけは勘弁してくれよ。対向車から見たら楽しそうだろうな、おれたち。まるで３ピースバンドだ。正確な運行でビートを刻むＢさんはドラムス。変幻自在のアドリブで子どもたちを煽るＭがギター。バックグラウンドでグルーヴ感を醸すおれはベースってとこかな。

歌詞の中の「バンド」を「図書館」に、「チケット」を「利用カード」に入れ替えたらどうだ、とか、いやそれは著作者人格権の侵害だ、とか、著作者の死後はどうだ、とか、いやあの著作者は絶対死なねえ、とか何とか言っているうちに学校に着いた。

　校庭の端にある大きな木の横にクルマを停める。校舎のスピーカーからは「歯みがきの音楽」が流れている。これが終わると子どもたちが突進してくるという訳だ。それまでに準備をしないとね。Mとおれが絵本のカゴを降ろしている間にBさんがテーブルをセッティングしてくれる。しかし準備が半分ぐらい、というところで歯みがきタイムは終了。子どもたちが全力疾走してくるのが見えた。

「ストップストップ！　まだ準備中だから、離れて待ってて、危ないからね！」とM。

「え～、まだ～？」と不満げな子どもたちを尻目に、Mはセッティング済のテーブル（これが貸出と返却のカウンターになるのだ）と図書館車との間につま先で線を引いた。

「ここから外で待ってて！　いいって言うまでね！」

　校庭に砂煙が舞って、子どもたちもMも咳きこんだ。Mのスニーカーは砂まみれになった。まあ元々そんなにきれいなスニーカーだったってわけでもないけど。砂まみれのスニーカーにエプロン、日焼けした顔と腕。あんまり図書館員っぽくないけど、そう、おれたちはたしかに図書館員だった。

Ｍが引いた線の向こう側で、５人の子どもたち（5年生ってところか）がクラウチングスタートの姿勢で待っている！　おれたち３人は顔を見合わせて笑った。

「どれだけ本に飢えてるんだろうね、あいつら」

「スターティングブロックも用意してやりたいよ」

「カタパルトとロケットランチャーもな」

軽口を叩きながら手を動かす。パソコンなど装備一式を降ろし終えるころにはカウンターの設置も完了している。最後にクルマ側面の大きなドアを跳ね上げて書架を開いたら準備完了だ。

「もういい？」と子どもたち。

「じゃあ、位置について、用意……」腰が上がる。

「ドン！」

「新しい本」「怖い本」のカゴ、そしてあれやこれやの人気シリーズへロケットスタートだ。

この学校から最寄りの公共図書館までは約５㎞。書店までは20㎞。どちらも小学生が自力で行くのはなかなか難しい。学校図書館は週に１日、学校司書が来る日だけ開館。こういう状況だから、月に2回の移動図書館を楽しみに待っていてくれる。この現場では「子どもの活字離れ、読書離れ」という言葉にはリアリティが感じられない。

「ねえ先生、お菓子作りの本、どこ？」

「お菓子作りか、それはねえ……」

彼らはおれたちのことを「図書館の先生」と呼ぶ。「先生じゃないんだけどな」と何度言っても改まらないのでこちらも諦めてしまった。しかしたしか中国語では「先生」は敬称の「さん」という意味だったのではなかったか。「先に生まれた」という程度の意味に受け取っておこう。「先に生まれた」図書館の人、というぐらいに。

ロケットスタート組以外の子どもたちもやってきて、クルマの中はごった返している。短い昼休みの間に歯を磨いて掃除をして本を選んで、それからサッカーやドッジボールをしなきゃならないんだから忙しい。

クラス貸出用のカゴにお気に入りの本を数冊放り込むと、そのままサッカーボールを蹴りだす子どもたちもいる。ときどきはボールがカウンターに飛んでくることもある。世界にはいろんな図書館があるだろうが、カウンターでゴールキーパーの真似事をしなきゃならない図書館ってのは、まあまあ珍しいんじゃないか。

ボールと友だちになっている子どももいれば、もちろん本に夢中な子どももいる。自分が気に入りそうな本を（申し訳ないほど）短時間の間に見つける能力はすごいな、と思う。恵まれた環境とは言えないけれど（だからこそ、なのか）、ちゃんと本に関するリテラシーを身につけているのだ。

司書（「図書館の先生」か）の使い方も心得たもので「恐竜の本は?」「京都と奈良の本、どこ?」「クイズの本ある?」「この本面白かったんだけど、これみたいな本って……」押し寄せる子どもたちを捌きまくるM。と言ってもおざなりな対応は厳禁だ。真剣な問いには真剣に応えないと、こちらが相手にしてもらえなくなる。そうなったら終わりだ、とおれたちはいつも言っている。

Mがそうやってクルマの周りを駆けまわっている間に、おれはクラス貸出、個人貸出の対応と返却本の処理、Bさんは返却本の整理と排架*だ。時間がきたら次の学校へ行かなければならないので、のんびりはやっていられない。

貸出ラッシュが終わる頃、子どもたちから解放されたMがカウンターに戻ってきてひと息つく。

「数は？」

「500ってとこか」

「ひとり10冊か。まあまあだな」

これは貸出冊数。数が多ければいいってものではない。必要なものがちゃんと届いているか、が大事だ。しかし数があれば、やっぱり嬉しいことは嬉しい。そんなことを話していると、さっきクラウチングスタートをしていた子どもたちがやってきて、パソコンを触ろうとしたり、返却期限票を欲しがったり、と絡んでくる。

「ねえねえ、図書館の先生って儲かるの？」とMに話しかけるひとりの子。

ふだんなら子どもの質問には何でもすぐに答えるMが、一瞬言葉に詰まっ

＊排架（はいか）＝書架に図書を然るべき順序で並べること。

た。

南風が吹いて、おれたちはそっちに目をやった。海は今日も青かった。ここは市内でも珍しい、海の見える学校だ。

「そうだなあ。金銭的に恵まれた仕事とは言えないかもしれん。しかしなあ、金では買えないものを手にすることができる、ときもある」

「えー、何それ何？」

「例えば、君たちの笑顔とか、な」

「えー、何それ、やばいー」

「やばいー、やばいー、図書館の先生やばいー」

子どもたちは校舎の方へ走っていった。砂ぼこりが舞って、昼休みの終わりを知らせるチャイムが鳴った。

「やばいってよ」

Mは大げさに顔をしかめた。あの「笑顔」発言、子どもたちのリアクションを引き出す「計算」だったのか、がっつり「本気」だったのか。表情からは読めなかったが、Mの性格からすれば後者の可能性が高いんだろうな、とおれは思った。

「儲かる？」と聞かれてMが口ごもったのはなぜだろう、と考える。Mは市の正職員だ。ものすごく高収入とは言わないが、昇給もボーナスもある。だから逆に、子どもたちに「儲かる？」と聞かれたら「儲かるわけねえだろ！」と答えるような気がする。もしもこのやりとりに関してフリーハンドが与えられていたとしたら。そうさせなかったのは、嘱託員（非正規職員）であるおれの存在だったのではないか。

この図書館の嘱託員は「なんとか暮らしてはいける」というレベルの待遇だ。これが「暮らしていけない」レベルだったら働き手が限られるところだけれど、この微妙な感じでいろんな職員が働き、生活している。おれもそのひとりで、しかし「暮らしていける」だけで満足というわけにもいかないので、他にも収入を確保しようと四苦八苦している。収入の面だけでなく、仕事が1年単位の雇用だというのも厳しいところだ。だったら他の仕事を探してもよさそうなもんだが、やっぱり図書館の仕事は面白くて、どうにか続けていきたい、というのが問題を複雑化しているのかもしれない。

そんなおれのいる前で「図書館の仕事なんて儲かるわけねえよ」とは言い難かったのだろう。Mは豪快そうに見えて、意外と気を遣うほうだから。

Bさんは話を聞いていたのかどうかわからなかったが、相変わらずマイペース（そしてハイペース！）で排架している。Bさんも嘱託員だが「年金が出るまではがんばる」といつも言っているから、おれの嘱託員とはちょっとニュアンスが違う。それにしてもよく働く人だ。

時間がきて、おれたちは荷物をクルマに積み込み、学校を出た。ラジオではさっきのＤＪがしゃべり続けていたが、話はあまり耳に入ってこなかった。面白い曲もかからなくて、車内は静かになった。

次の学校に着くと、子どもたちがすでに待っていて手を振って出迎えてくれる。ここでもやっぱり子どもたちは本を楽しみにしている。さっきの学校は元気で活発な子どもが多いが、この学校は穏やかで優しい子どもが多いという印象（もちろん全員が、という話ではない）。先生の異動で少しずつ様子が変わったり、ということはあるけれど、何となく「校風」ってものはあって、それが維持されているように感じられるのが面白い。ここでは海は見えないが、森に囲まれていて、鳥の声を聞きながらの図書館だ。

「さあ、もういいよ！」の声で、子どもたちが本に飛びつく。目の輝きは、おとなしい子も元気な子も同じだ。みんな本が好きなんだな。

「こんにちは。いつもありがとうございます」と校長先生。

「おじゃましてます！　先生、この間お話されてた園芸の本、持ってきましたよ。よかったら見ていってください」

「放課後子どもくらぶです～。こんにちは～」こちらは近所でやっている施設で、絵本をたくさん借りていかれる。

「こんにちは！　絵本50冊おすすめセット、用意してありますよ」

子どもたちを見守る大人も集まって、賑やかになってきた。

校風が似ていなくても、人気の本はある程度共通だ。そして面白いのが、ある学校で流行するものが近隣の学校に広がっていく、という現象だ。テレビで取り上げられた、とか、インターネットで話題になった、ということでなく、何となく生まれるローカルな流行。3～4年生の間で将棋が流行ると、隣の学校でも同じように流行りだす。そしてそのまた隣の学校でも。ビーズ手芸が高学年に人気、となるとこれもまた同様に広がっていく。そうなると将棋の本、ビーズの本は一掃されて、在庫がなくなってしまう。

どんなふうに伝播していくのだろう。自分たちの小学生のころを考えると、隣の小学校となんて接点はめったになかった。たまに部活動の大会で顔を合わせるぐらいだろう。それだけで流行が伝わるというのは考えにくいが……。

そんな流行を知ることができるのも移動図書館の面白いところだ。子どもの気持ちになることはできないが、何を好きなのかは知ることができる。

クラス貸出が一段落すると、個人のカードで借りる子どもたちが本を持ってカウンターに並びはじめる。

「私ねえ、怖い本大好きなの。でもね、読むと夜トイレに行けなくなっちゃうの」と言う女の子の手には定番の怪談シリーズ。

「そうかあ、じゃあトイレに行けるようになる本も探さないといけないね」

こりゃまた難問だ。どんな本なんだ？　そして次に並んだのは男の子。

「ありがとう！　今度は7月4日に来るからね」

「えー、おれの誕生日だー」

「そうかあ、おめでとう。じゃあ誕生日祝いに好きな本持ってこようか？」

「えー、じゃ猫の本」

という彼の手元には3冊の猫の本。好きだなあ。まあ猫の本なら在庫切れってこともないからいいか。

「OK！じゃあ猫の本たくさん持ってくるから図書館のカード忘れないようにね」

「うん、ありがとう」

メモしとかなくちゃ。

貸出が終わって子どもたちが集団下校していくと、聞こえるのは鳥の声だけになった。

「さて、そろそろ片づけるか」

本日はこれにて閉館。撤収して基地に帰ってデータ処理をして明日の準備だ。おれたちはクルマに乗り込んだ。ラジオは別の番組になっていて、誰からともなくスイッチを切った。

「まだ決まったわけじゃないんだけど」とMが切り出す。

「移動図書館、なくなるかもしれない」

沈黙。

「どういうこと?」

「上の方でそんな話が出てるって。今朝聞いたばっかりで詳しいことはわからないんだけど」

「上って、館長?」

「いや、もっと上。館長は阻止したいって言ってたけど」

「なんでだろ?」

「簡単に言えば金だよ。市の財政は知っての通り」

移動図書館に限らず、図書館全体にプレッシャーがかかってきているのはわかっていたけど、ついにここまで来たか、と思った。

「とにかくまだ情報がないからさ、何かわかったらすぐ伝える」

Bさんは黙って聞いていたが、表情はいつになく険しかった。

移動図書館がなくなるということは、人も減るということなのだろうか。次の年の仕事があるという保証がないことはわかっていて働いてきたけれど、想像していた事態が生じた、ということなのだろうか。

その後、新しい情報はなく、しかしもちろん移動図書館は走りつづけた。海の見える学校ではやはりカウンターにサッカーボールが飛んできたし、鳥の声の聞こえる学校では誕生日を迎えた猫好きの男の子が上限の10冊、猫の本を借りていった。何も変わらないように見えた。海はいつまでも青く、鳥はいつまでも歌いつづける、と思いたければ思うことだってできそうだった。しかしそうすることは間違いなのだ。

図書館で、そして移動図書館で楽しく働きながら、おれは次の仕事を探しはじめた。図書館で働き続けられること、そして子どもたちに「図書館で働くってどう？」と聞かれたときに彼らを失望させない答えができること。これを条件とした。もちろんそんな仕事がごろごろ転がっているわけではない。あったら最初からやってるって話だ。それでもおれは転がり続けた。そして……。

結局、移動図書館は存続することになった。館長はかなり戦ったらしい。そしてMは図書館からは離れた部署に異動になった。図書館で働き続けるというのがどれだけ難しいことか、と再認識させられた。正職員には異動がある。非正規職員には雇い止めやその他さまざまなハードルがある。働き続けたくてもそうできない、図書館ってそういう場所なんだろうか。そういう場所であるべきなんだろうか。

Ｂさんは念願の年金生活に突入。趣味の庭いじりや旅行を楽しんでいたみたいだけど、なんだかもう働きたくてうずうずしているそうだ。

おれは少し離れたまちの図書館で働いている。子どもたちに「図書館の人って儲かる？」と聞かれたら「儲かるわけないだろ」と答えようと待っている。そして「しかしなあ、金では買えないものを手にすることができる、ときもある」と続けよう、と。

移動図書館は今のところないけれど、いつか導入したいとチャンスをうかがっている。このまちも書店は少ないし、本へのアクセスが厳しい地区も多い。そんな場所へ本を届けられたらな、と思う。

いつか君のまちへもドカドカうるさいＲ＆Ｒ（ロックンロール）図書館が行くかもしれない。そのときはぜひ立ち寄ってくれないか。待ってるからな。

# エンディング
## ～図書館はＲＯＣＫであり続けられるか～

あっという間に最後の曲だ。我ながらマジメだなあ……。楽しんでもらえてるといいんだが。図書館がＲＯＣＫって意味、わかってくれたかい？

さて、念のため言っておくと、ＲＯＣＫ司書はフィクションだからさ、よいこのみんなは最寄りの図書館へ行って「ＲＯＣＫ司書いますか？」なんて聞いて、忙しい図書館の人の手を煩わせては、煩わせては、煩わせては……いいよ！

図書館の人は、どんな理由でも、それがたとえ「フィクションの人物を探しにきた」であっても、あなたが図書館に来たことを喜んでくれるだろう。

実際それがこの本を書いた最大にしてほぼ唯一の理由なんだ。とりあえず図書館に来てみてほしい。どんなおかしなきっかけでもいい。あなたが、みんなが来てくれれば、図書館はＲＯＣＫし続けるだろう。ライブはだいたい毎日（休館日に気をつけてね！）やってるはずだからさ。待ってるぜ！

ではこのライブのキャスト、スタッフに感謝を捧げてステージを降りることにしよう。いつもインスピレーションの源（というかネタ？）を提供してくれる素晴らしい友人、優秀な同僚、支えてくれる家族に、どうもありがとう、感謝します！　そして、素晴らしい推薦のことばをくださった雀羅書房の内野安彦さん、卓越した忍耐力の持ち主（す、すみません……）、郵研社の登坂和雄さんにスペシャルサンクスを。

そして最後になったけど、ライブのオーディエンス、この本の読者に最大の感謝を。本当にありがとうございました。

では。

また会おうぜ〜！

２０２０年８月

ＲＯＣＫ司書　**大林　正智**

〈初出一覧〉

第１章　ROCK はもう卒業だ！

・田原市図書館公式フェイスブック掲載のコラム「ROCK はもう卒業だ！」に大幅に加筆修正

・「栞のテーマ」
「こころ」vol.50（2019 年、平凡社）

第２章　ROCK 司書の生活と意見

・図書館だって歌いたい！「うたう図書館」ライブ評
『大学の図書館』第 37 巻第２号（№ 531）2018 年２月

第３章　ライブリアンズ・メドレー

・本の生態系のために、図書館ができること
『人文会ニュース』第 131 号　2019 年４月

〈著者プロフィール〉

**大林　正智**（おおばやし　まさとし）

1967年愛知県豊橋市に生まれる。「志学」過ぎたあたりで交換留学先の南イリノイにてROCKに出会い、学を志さずROCKを志す。早稲田大学第一文学部卒業。

民間企業勤務後、「不惑」あたりで惑って図書館界へ。大学図書館スタッフを経て田原市中央図書館、現在は豊橋市まちなか図書館開館準備室。

日本図書館協会図書紹介事業委員。

＜主な著書等＞　共編著

『ちょっとマニアックな図書館コレクション談義ふたたび』『ラジオと地域と図書館と―コミュニティを繋ぐメディアの可能性』『ちょっとマニアックな図書館コレクション談義またまた』等

**ROCK司書の図書館ライブ**（ろっくししょのとしょかんライブ）

2020年　9月16日　初版第1刷発行
2020年10月14日　初版第2刷発行

著　者　大林　正智　© OBAYASHI　masatoshi
発行者　登坂　和雄
発行所　株式会社　郵研社
〒106-0041　東京都港区麻布台3-4-11
電話（03）3584-0878　FAX（03）3584-0797
ホームページ http://www.yukensha.co.jp
印　刷　モリモト印刷株式会社

ISBN978-4-907126-36-0　C0095　2020 Printed in Japan
乱丁・落丁本はお取り替えいたします。

JASRAC 出　2006350-001